**Operaciones y opciones para principiantes: guía completa para el comercio diario con estrategias y tácticas efectivas para principiantes.**

D1743214

2

# lirio johnson

Lily Johnson es una experta en comercio brillante y apasionada con una amplia experiencia en la industria financiera. Desde muy joven, Lily demostró un talento innato para analizar mercados e identificar oportunidades de inversión. Con una mente aguda y una dedicación sin igual, ha recorrido un camino de aprendizaje y crecimiento en el mundo del trading.

Lily es conocida por su capacidad para adaptarse rápidamente a escenarios financieros cambiantes y su habilidad para crear estrategias comerciales efectivas. Su pasión por el comercio es contagiosa y ha inspirado a muchas personas a embarcarse en este fascinante camino de inversión.

A través de años de estudio y práctica, Lily ha desarrollado un enfoque único para el comercio basado en un análisis profundo y una gestión de riesgos juiciosa. Su orientación ha ayudado a numerosos principiantes a comprender los secretos del comercio y mejorar sus habilidades en la industria.

Además, de ser una comerciante exitosa, Lily también es una apasionada divulgadora financiera. Comparte su conocimiento a través de cursos, seminarios web y artículos informativos, con el objetivo de educar y apoyar a los aspirantes a comerciantes en su camino hacia el éxito financiero.

Cuando no está inmersa en los mercados financieros, a Lily le encanta viajar y descubrir nuevas culturas. Su insaciable curiosidad siempre la impulsa a aprender algo nuevo y explorar nuevas oportunidades de crecimiento personal y profesional.

Con una carrera que sigue creciendo y una dedicación incansable al comercio, Lily Johnson sigue siendo una figura respetada en el mundo financiero y una inspiración para aquellos que desean alcanzar el éxito en el comercio.

# LO QUE VAS A APRENDER

Bienvenido a "La guía completa para el comercio diario con estrategias y tácticas efectivas para principiantes". En este completo libro, escrito por la renombrada experta Lily Johnson, profundizamos en el apasionante mundo del comercio diario y lo equipamos con el conocimiento y las habilidades necesarias para navegar en los mercados con confianza.

Capítulo por capítulo, Lily Johnson lo lleva en un viaje a través de los aspectos fundamentales del comercio diario. Desde comprender la mentalidad de los comerciantes diarios exitosos hasta administrar los riesgos de manera efectiva, obtendrá información valiosa que formará la base de su viaje comercial.

En el Capítulo 4, exploramos las mejores acciones para negociar, ayudándole a identificar oportunidades potencialmente rentables. También aprenderá sobre las herramientas esenciales del oficio que le permitirán tomar decisiones informadas.

El Capítulo 6 lo introduce al mundo de las velas y las estrategias, brindándole las herramientas adecuadas para interpretar los movimientos del mercado y realizar transacciones exitosas. Además, Lily lo guía a través de los conceptos básicos de ABCD, las estrategias comerciales de reversión, el comercio de tendencias y el comercio de soporte y resistencia en los Capítulos 7 a 10.

En el Capítulo 11, profundizamos en las estrategias de rango de apertura, mientras que el Capítulo 12 se enfoca en el comercio rojo o verde. A medida que avancemos, descubrirá estrategias comprobadas en el Capítulo 13 y aprenderá cómo crear su estrategia de puesta en marcha en el Capítulo 14, considerando factores como la hora del día para sus operaciones.

Continuando con nuestro viaje, exploramos estrategias comerciales exitosas en el Capítulo 15 y ofrecemos valiosos consejos y trucos comerciales diarios en el Capítulo 16 para perfeccionar aún más sus habilidades.

Pero eso no es todo; este libro también presenta una exploración en profundidad del comercio de opciones. En la segunda parte, "Negociación de opciones: guía estratégica para principiantes", Lily Johnson se sumerge en el mundo de las opciones y ofrece una comprensión integral de este versátil instrumento financiero.

El Capítulo 1 de esta sección le presenta las opciones sobre acciones, y el Capítulo 2 arroja luz sobre las razones por las que el comercio de opciones puede ser beneficioso. Al reconocer los errores de los principiantes en el Capítulo 3, estará mejor preparado para evitar errores comunes.

En el Capítulo 4, presentamos seis estrategias que puede utilizar en el comercio de opciones. Desde el diferencial de venta alcista hasta el diferencial de llamada bajista, descubrirá enfoques efectivos para mejorar sus habilidades comerciales.

A lo largo del libro, Lily enfatiza el uso de hojas de trabajo para ayudarlo en su proceso de toma de decisiones en el comercio de opciones. Al final de esta sección, tendrá una sólida comprensión de las estrategias, técnicas e indicadores técnicos avanzados para tomar decisiones comerciales informadas.

Ya sea que sea un inversionista principiante o experimentado, este libro satisface sus necesidades de aprendizaje y le brinda las herramientas y los conocimientos necesarios para tener éxito en el mundo del comercio diario y el comercio de opciones. Entonces, sin más preámbulos, embarquémonos en este emocionante viaje para dominar el arte de operar con Lily Johnson como su guía. ¡Feliz comercio!.

# CAPÍTULO 1: CONOCIMIENTOS BÁSICOS DEL DAY TRADING

Antes de comenzar con su aventura de transacciones diarias, es importante saber un poco sobre los conceptos básicos de las transacciones diarias. Algunas personas escuchan sobre esta oportunidad de inversión y cuánto dinero les puede hacer, por lo que saltan sin hacer ninguna investigación. Pero esta puede ser una forma peligrosa de hacer su trabajo. No le permite comprender completamente cómo funciona el comercio diario e incluso puede dificultar que no pierda dinero. Aquí veremos algunas de las mejores estrategias y herramientas que puede usar para convertirse en un experto cuando se trata de comenzar a operar en el día.

## Swing trading o day trading

¿Qué necesita buscar si es un comerciante de día? La respuesta es bastante simple al principio, pero hay muchas partes diferentes que vienen con ella. Primero, desea buscar acciones que tengan algún movimiento, y desea que este movimiento sea predecible. En segundo lugar, desea trabajar con acciones que pueda comprar y vender el mismo día. Con el comercio diario, nunca mantendrá su posición durante la noche y luego venderá al día siguiente. Si no realiza las operaciones el mismo día, como retener las acciones durante la noche, ha cambiado de operaciones diarias a operaciones de swing.

Con el comercio de swing, está trabajando con un tipo de comercio en el que mantendrá las acciones durante un período de tiempo. Por lo general, es bastante corto y la negociación durará desde un día hasta algunas semanas. Los métodos y estrategias comerciales serán diferentes para el swing trading y el day trading, por lo que no debe utilizar los mismos. Pueden parecer similares porque está operando rápidamente en el mercado, pero existen algunas diferencias clave. Solo recuerde, con el comercio diario, comprará las acciones y luego las venderá todas el mismo día.

Este comercio rápido puede ser difícil de manejar para algunas personas. Si no tiene cuidado con sus selecciones, puede terminar vendiendo sus acciones al final del día por una pérdida. Pero realmente necesita dejar ir las acciones, incluso con una pequeña pérdida. Si mantiene las acciones durante la noche, las estrategias para el comercio diario pueden llevarlo a una pérdida aún mayor al día siguiente. Si desea poder mantener las acciones durante unos días y ver si puede obtener una mayor ganancia en lugar de una pérdida, entonces querrá optar por el swing trading.

Compra larga y venta corta

Los comerciantes diarios siempre comprarán una acción con la esperanza de que el precio suba. Esta estrategia se conoce como *comprar en largo* . Comprar en largo será una buena opción cada vez que busque una acción y la compre esperando que el precio suba.

Esa primera parte es bastante fácil de entender, pero ¿qué sucederá si los precios de una acción comienzan a caer? En este escenario, puede vender en corto y terminará obteniendo ganancias en el proceso. Es posible tomar prestadas acciones de uno de sus corredores y luego venderlas, todo mientras espera que el precio baje y que pueda comprar esas acciones a un precio más bajo y obtener una ganancia. Esto se llama vender al descubierto.

Veamos un ejemplo de cómo funciona esto. Digamos que toma prestadas 100 acciones de una acción de su corredor y luego las vende a $100 por acción. Luego, el precio de esa acción termina cayendo a $90. Ahora que el precio ha bajado, volverá a comprar esas acciones al precio más bajo y luego se las devolverá al corredor. Luego pudo ganar $ 10 en cada acción, o $ 1000 en total en este caso. Por supuesto, el mercado también puede subir y luego terminará debiendo ese dinero a su corredor, por lo que realmente debe comprender el mercado antes de elegir esta opción.

Esta es la razón por la que las ventas en corto pueden ser una opción peligrosa para los principiantes. Es difícil saber cuándo bajará una acción y fácilmente podría terminar debiendo más dinero del que ganaría. Muchos principiantes evitan esta opción, al menos cuando están comenzando, para ayudarlos a no quedar atrapados y tomar decisiones equivocadas.

# Comerciantes institucionales o minoristas

Los comerciantes individuales a menudo se conocen como comerciantes minoristas. Estas personas pueden trabajar en el comercio a tiempo parcial o completo, pero trabajan para ellos mismos y no administran el dinero de otras personas. En realidad, estos comerciantes minoristas no son una gran parte del mercado porque la mayoría de las personas confiarán en una firma de corretaje para que les ayude con sus inversiones.

Luego también están los comerciantes institucionales que incluirían los grandes bancos de inversión, las empresas comerciales, los fondos de cobertura y los fondos mutuos. Estas personas son más profesionales con sus transacciones y pueden usar algoritmos informáticos o de transacciones de alta frecuencia para ayudarlos a obtener sus resultados. Estos comerciantes a menudo tendrán mucho dinero detrás de ellos y pueden agregar más agresividad a sus operaciones que los comerciantes minoristas.

Como comerciante minorista, es posible que sienta curiosidad por saber cómo podrá competir contra los comerciantes institucionales que tienen más dinero y más tecnología disponible para usar. El mayor beneficio de ser un comerciante minorista es que puede elegir si permanecer fuera del mercado o si puede operar en un momento dado. Por otro lado, los comerciantes institucionales necesitarán comerciar sin importar qué. Siempre que el comerciante minorista no se deje atrapar por el exceso de comercio, puede usar esto para su beneficio y obtener una gran ganancia en el proceso.

**Solo comerciando con lo mejor**

Es importante que aprenda qué acciones son las mejores cuando es un comerciante de día. Solo tiene un día para realizar una compra de acciones y luego venderlas. No desea terminar con una acción que baja rápidamente y le cuesta mucho dinero en el proceso.

Por eso es tan importante idear una estrategia que te ayude. Hablaremos sobre una variedad de estrategias y métodos que puede usar para ayudarlo a tener más éxito con sus transacciones diarias.

Sin embargo, lo más importante que puede hacer aquí es aprender qué acciones son las mejores. Debe poder mirar una acción y ver si continuará subiendo o no. ¿Es esta una buena acción que tiene algo único, algo que la mantendrá subiendo incluso si el mercado está bajando un poco? ¿O es una acción que solo está subiendo porque todo el mercado está experimentando un repunte? Esto puede marcar una gran diferencia en las acciones que elija, y nos tomaremos un tiempo para analizarlas y determinar qué acciones funcionan mejor con las diferentes estrategias que querrá elegir.

## Ventajas y desventajas del comercio diario
### ventajas
*Obteniendo grandes ganancias*
Con el comercio diario, puede obtener una ganancia sustancial. Pero, por supuesto, solo puede lograr esto si tiene los rasgos de su verdadero comerciante de día: diligente, decidido y responsable.

*Jefe te deletrea*
Eres tu propio jefe. Como comerciante de día, trabaja de forma independiente. Puede trabajar a la hora que le resulte más conveniente, tomar días libres si lo desea y trabajar a su propio ritmo.

*Nunca se vuelve aburrido*
Como comerciante diario, debe trabajar su ingenio todos los días contra el mercado y otros profesionales, ya sea de día o de noche. A diferencia de las tareas triviales y aburridas en la oficina o las llamadas en frío aburridas, usted, como comerciante diario, siempre siente la adrenalina en cada operación rápida. No porque quieras, sino porque lo necesitas. Especialmente si el comercio diario es su principal fuente de ingresos. Sí, en el comercio diario, nunca habrá un momento aburrido.

### Contras
*Eres tu propio jefe*
Ser tu propio jefe puede ser algo muy divertido. Pero no siempre es así. Ser su propio jefe (y centrarse en el comercio diario) significa que debe dejar su trabajo diario. Eso significa renunciar a un cheque de pago mensual estable. Como comerciante diario de tiempo completo, debe esforzarse para trabajar duro para obtener suficientes ganancias para pagar sus facturas y disfrutar del estilo de vida que desea.

*¡Arde bebe arde!*

Estamos hablando de quemarnos aquí. El comercio diario no siempre es arcoíris y mariposas. Puede haber momentos en los que sienta que el comercio diario es la peor tormenta de su vida. El comercio diario puede volverse muy estresante porque necesita monitorear múltiples pantallas para detectar oportunidades para operar. Y cuando encuentra uno, debe actuar muy rápido para explotarlo. Esta es su vida cotidiana como comerciante de día. Trabajar demasiado es obligatorio en este tipo de trabajo.

# CAPITULO 2: LA MENTALIDAD DE LOS TRADERS DE DÍA

Cuando se trata de transacciones diarias, hay algunos rasgos de personalidad importantes que debe poseer si desea tener éxito. No a todos les irá bien con el comercio diario. Es un mundo de inversión acelerado, y puede perder rápidamente una gran cantidad de dinero en el proceso. Y si no posee las características adecuadas, encontrará que aumenta su riesgo de perder dinero más que antes.

Antes de que decidas adentrarte en el mundo del day trading, debes considerar si tienes la personalidad adecuada para iniciarte en este campo. Puede ser difícil para algunas personas, pero con los rasgos de personalidad adecuados, será una excelente opción para ayudarlo a ganar algo de dinero.

Algunos de los rasgos de personalidad que debe poseer para tener éxito en el comercio diario incluyen:

• Independencia personal: este es un buen trabajo desde casa. Necesita disfrutar de la libertad de trabajar por su cuenta y no tener a alguien mirando por encima de sus hombros todo el tiempo. Si no puede motivarse para hacer el trabajo o si prospera cuando está en una oficina, es posible que le resulte difícil comenzar en este tipo de negocio.

• Capacidad de decisión: cuando trate con el mercado a largo plazo, notará que el mercado se mantiene bastante estable. Pero cuando trabaja en el mercado en un día, hay muchos altibajos y el mercado puede cambiar para usted en solo unos segundos. Debido a esto, un comerciante de día debe poder tomar decisiones rápidas y decisivas para mantenerse en el mercado. Como buen comerciante de día, deberá confiar en algunas de sus experiencias pasadas para leer lo que está sucediendo con una nueva situación y tomar sus decisiones. No hay mucho espacio para dudas cuando se trata de transacciones diarias.

• Disciplina y persistencia: dado que no tiene un jefe detrás de usted cuando trabaja en el comercio diario, debe poder concentrarse en la tarea que tiene entre manos. Debe poder observar el mercado, investigar y estar preparado para tomar las decisiones correctas para ganar más dinero. Y debe darse cuenta de que habrá un momento en el que esté aprendiendo las cuerdas, y es posible que no vaya como le gustaría. Sin embargo, una vez que encuentre una estrategia que funcione para usted y lo ayude a obtener ganancias, la mantendrá.

• Interés en el trading: los buenos traders tendrán cierto entusiasmo por el mercado durante mucho tiempo antes de decidirse a entrar en el day trading. Ya debería tener una inclinación natural a seguir materias primas, bonos, acciones y algunos de los otros valores que están disponibles. Si realmente no tiene ningún interés en los negocios o las finanzas, será difícil convertirse en un comerciante de día.

• Apoyo personal: necesitas tener tu propia disciplina y estar motivado, sigue siendo bueno tener algo de apoyo personal a lo largo del día. La vida diaria de un day trader puede ser estresante y tener algunos amigos y familiares que lo ayuden a mantenerse en contacto con el mundo puede marcar una gran diferencia.

• Independencia financiera: no es un requisito tener un montón de dinero para empezar a operar en el día. Dicho esto, debe tener suficiente para poder realizar las operaciones elegidas y luego tener un poco de red de seguridad en caso de que las operaciones no hagan tanto. Nunca debe operar con dinero que no puede permitirse perder. Si usted es alguien que vive de cheque en cheque, necesita tomarse un tiempo para acumular ahorros incluso antes de comenzar con el comercio diario.

• Comprenda la tecnología: todas sus transacciones diarias se realizarán en su computadora. Si no está familiarizado con el uso de una computadora y con algunas de las plataformas disponibles, tendrá dificultades para trabajar con el comercio diario.

• Puede mantener la calma: habrá ocasiones, incluso con una buena estrategia de transacciones diarias, en las que tomará decisiones equivocadas y sus acciones le harán perder dinero. Si no eres capaz de mantener la calma, terminarás empeorando la situación. Debe ser capaz de ver la situación, ya sea que esté ganando o perdiendo dinero, y tomar buenas decisiones que lo ayudarán a cambiar las cosas o al menos a limitar sus pérdidas.

Hay muchas partes diferentes que vienen con convertirse en un comerciante de día, y si no está en el estado de ánimo adecuado o no tiene la personalidad para esto, se sentirá decepcionado con la falta de resultados que obtendrá. Se necesita una persona específica para operar en el día, y para aquellos que no tienen la personalidad adecuada, es mejor elegir diferentes opciones de inversión.

## CAPÍTULO 3: GESTIÓN DE RIESGOS

Si desea tener éxito en el comercio diario, hay tres cosas que debe tener. Debe tener una psicología sólida que pueda manejar el estrés de este estilo comercial, un conjunto de estrategias comerciales que lo ayudarán a tomar buenas decisiones y un buen plan para ayudarlo a administrar su riesgo. Si se está perdiendo una de estas partes, todo su programa fallará y no ganará dinero con el comercio diario.

Como principiante, es fácil concentrarse solo en la estrategia comercial que está utilizando. Si bien la estrategia comercial es bastante importante, lo deja sin los otros tres componentes que son igualmente importantes. El hecho de que haya elegido una buena estrategia para trabajar no significa que tenga la autodisciplina adecuada para seguir con esa estrategia o para esperar el tiempo suficiente al mercado, y esta podría ser la razón por la que está fallando, independientemente de la estrategia que elijas.

Para este capítulo, hablaremos sobre la gestión de riesgos. Habrá suficiente tiempo para las estrategias que podrá usar más adelante, pero por ahora, necesitamos aprender algunas de las reglas que debe seguir para administrar su riesgo. Por supuesto, cualquier estrategia que elija tendrá momentos en los que conducirá a una mala operación. El mercado no siempre se comporta como debería o como esperamos. Pero cuando aprenda a administrar su riesgo, no perderá tanto dinero como si simplemente saltara al mercado.

Lo primero que debe hacer para administrar sus riesgos es trazar una línea en la arena o tener un punto de salida cuando decida que es hora de salir de la operación. El orgullo puede ser difícil de digerir para muchas personas, y es posible que les resulte difícil admitir la derrota o que se equivocaron en una operación. Pero mantener esa operación simplemente lo llevará a perder más dinero y cometerá un error mayor que antes. Necesita aprender cuándo reducir sus pérdidas y luego alejarse.

Habrá momentos en que el comercio vaya en tu contra. Esto les sucede tanto a los principiantes como a aquellos que llevan mucho tiempo en el mercado. Cuando el comercio comienza a ir en su contra, es hora de salir. Es común en el comercio diario que suceda lo inesperado todo el tiempo porque hay grandes fluctuaciones en el mercado de un momento a otro. Puede ser difícil admitir la derrota, pero recuerda que siempre hay otras operaciones que puedes hacer en otros días.

Su trabajo principal en el comercio diario es ganar dinero. Si se mantiene en una posición que va en su contra solo porque quiere poder demostrar que una predicción que hizo fue correcta, entonces es un mal operador. Tu trabajo aquí no es tener siempre la razón; es para hacer dinero.

Otra cosa que debe hacer para minimizar sus riesgos es seguir siempre los planes y reglas de su estrategia elegida. Esto será realmente fácil cuando la operación vaya bien y usted esté ganando dinero. Pero cuando estás en medio de una mala operación, puedes tener la tentación de ir en contra de esas reglas. Esto puede parecer una buena idea en ese momento, pero puede terminar costándole mucho dinero. Seguir las reglas de su estrategia puede hacerle perder un poco de dinero, pero es mucho más fácil perder un poco y volver al juego más tarde que terminar con una gran pérdida. Es mejor tomar algunas de esas pérdidas rápidas, salir del comercio y luego volver a todo más tarde.

A continuación, debe asegurarse de encontrar entradas de bajo riesgo que puedan proporcionarle una recompensa potencial alta. Estos pueden ser riesgosos aún, pero representan un riesgo mucho menor que el que encontrará con otras acciones que elija. La mejor configuración es cuando encuentra una oportunidad que le proporcionará una operación que tiene muy poco riesgo. Por ejemplo, arriesgar $100 para ganar $300 es una buena configuración, pero si está arriesgando $100 para ganar $10, está en la operación equivocada. La mayoría de los comerciantes

16

expertos no van a trabajar en operaciones que tengan una relación de menos de 2 a 1 de ganancias a pérdidas.

Lo que esto significa es que si compra $ 1000 de acciones y está arriesgando $ 100 en esas acciones, es importante que las venda por un mínimo de $ 1200 para que valga la pena su tiempo y para disminuir el riesgo. Por supuesto, es posible que no siempre funcione de esa manera, y es posible que deba aceptar una pérdida, como cuando las acciones bajan a $ 900, pero al menos debería existir la posibilidad de ganar $ 1200. Si el potencial es solo ganar $ 1100 en las acciones, la relación de ganancias a pérdidas es demasiado baja y no debe arriesgarse.

Algunos días, no podrá encontrar una acción que tenga la relación correcta entre ganancias y pérdidas. Eso está bien. Es mucho mejor permanecer fuera del mercado por un día que negociar con una acción que no proporciona los requisitos que necesita. Puede ingresar al mercado más adelante, uno o dos días más adelante, sabiendo que no arriesgó su dinero en el proceso. Con la proporción de 2 a 1, estarás en una buena posición. Recuerde que todavía habrá momentos en los que se equivoque o el mercado vaya en la dirección opuesta a la que debería. Si se apega a esta proporción o mejor, aún puede estar equivocado el 40 por ciento de las veces y ganar dinero con el comercio diario.

**Las tres preguntas que debes hacer**

Cada vez que decide comprar una acción en una plataforma de negociación, está arriesgando parte de su dinero. Incluso las acciones que se ajustan a la proporción de la que hablamos antes pueden tener algunos problemas, y debe darse cuenta de que está arriesgando su dinero cada vez que hace esto. Sin embargo, hay algunos pasos que puede tomar para manejar este riesgo. Las preguntas que debe hacerse antes de cualquiera de sus operaciones elegidas incluyen:

• ¿Estoy operando con las acciones adecuadas: el primer paso de la gestión de riesgos es trabajar con las acciones adecuadas? Si elige el stock incorrecto, no importa qué herramientas o plataforma esté utilizando, terminará perdiendo. Debe asegurarse de evitar las acciones que no tienen ningún movimiento, las acciones de centavo que pueden manipularse mucho, las que tienen un volumen de negociación pequeño y las que ya están siendo negociadas en gran medida por comerciantes institucionales y computadoras. Discutiremos más sobre cómo elegir las acciones adecuadas para negociar en un capítulo posterior.

• Con qué tamaño de acción debo trabajar: la siguiente pregunta es decidir cuántas acciones debe comprar. Esto dependerá de cuánto dinero tengas disponible y de tus metas diarias. Si solo desea alcanzar un objetivo de $ 1000 por día, deberá comprar más de 20 acciones en la mayoría de los casos. Si no tiene suficiente dinero en su cuenta para este tipo de objetivo, entonces es hora de reducir el objetivo diario.

• ¿Cuál es mi stop loss?: esta es básicamente la cantidad con la que se siente cómodo perdiendo si el mercado va hacia abajo. Lo máximo que nunca debe arriesgar es más del dos por ciento del capital de su cuenta. Esto significa que si tiene una cuenta con $10,000, no debe arriesgar más de $200. Esto significa que es posible que no obtenga tanto retorno de la inversión en sus operaciones, pero también lo ayuda a mantener la mayor parte de su dinero en su cuenta.

## Plan de gestión de Riesgos

Paso 1: el primer paso que debe tomar es determinar el riesgo máximo absoluto en dólares que tomará para la operación que está planeando. Se recomienda que, como principiante, nunca arriesgue más del 2 por ciento del capital de su cuenta, pero puede optar por subir o bajar de este número en función de cuánto dinero tenga y cuánto esté dispuesto a arriesgar. . Debe calcular esta cantidad incluso antes de comenzar a operar para el día.

Paso 2: el segundo paso es estimar el riesgo máximo por acción que asumirás, la estrategia stop loss, a partir de tu entrada. Aprenderemos más sobre cómo hacer esto más adelante porque tendrá un stop loss diferente según la estrategia que elija.

Paso 3: toma el número del paso 1 y divídelo por el número que obtuviste del paso dos. Esto le dará la cantidad máxima de acciones que puede negociar cada vez. No llegue a este nivel, o está aumentando demasiado su riesgo.

Echemos un vistazo a cómo funcionaría esto. Digamos que obtendrá algunas acciones y tiene $40,000 en su cuenta. Si sigue la regla de usar solo el 2 por ciento, entonces limitaría su riesgo a $800. Seremos conservadores para esta operación como principiantes y solo arriesgaremos el 1 por ciento de la cuenta, o $400. Ahora hemos terminado el paso uno.

Mientras monitorea las acciones, ve que se está desarrollando una situación en la que usaría la estrategia VWAP (más sobre esto más adelante) para obtener los mejores resultados. Por lo tanto, decide vender las acciones cortas cuando alcanza los $50 y quiere cubrirlas a $48,80, con un límite de pérdidas de $50,40. Esto significa que estará arriesgando alrededor de $0.40 por acción. Este será el paso 2.

Ahora vamos al paso tres. Calcularemos el tamaño de nuestra acción dividiendo los números en el paso 1 y el paso 2, para que podamos encontrar el tamaño máximo que podemos negociar. Para este ejemplo, podríamos comprar un máximo de 1000 acciones.

Ahora, con el dinero que tiene en su cuenta, es posible que no tenga el poder adquisitivo adecuado para obtener las acciones a $50. Por lo tanto, elegiría comprar menos acciones, como 500 acciones para comenzar. Con las estrategias de las que hemos hablado, nunca se le permite arriesgar más del 2 por ciento, pero siempre puede ser conservador y sin riesgos.

**Asegurarse de que puede manejar el estrés**

Y finalmente, para administrar su riesgo, debe asegurarse de que realmente puede manejar el estrés que genera el comercio diario. Este es un trabajo estresante. No puede simplemente colocar su dinero en el mercado y luego alejarse de él, registrándose de vez en cuando. Más bien, debe estar vigilando sus acciones todo el día. Todas esas pequeñas fluctuaciones hacia arriba y hacia abajo pueden tener un gran impacto en sus ganancias potenciales y esto puede agregar mucho estrés a su día.

Si no tiene tiempo para dedicarse a esto, al menos en los días que decide operar, entonces esta no es la opción de inversión adecuada para usted. Si tiene problemas para lidiar con el estrés o ya tiene suficiente estrés en su vida, entonces el comercio diario no es adecuado para usted. Si no es bueno para tomar decisiones en el último minuto y deja que sus emociones tomen el control, entonces el day trading no es para usted.

El comercio diario puede ser una excelente opción de inversión para que trabaje, pero debe asegurarse de administrar sus riesgos y mantenerlos lo más pequeños posible. Con la estrategia y el plan de gestión de riesgos correctos, incluso cuando pierda un poco de dinero en una mala operación ocasional, aún podrá ganar mucho dinero con el comercio diario.

# CAPÍTULO 4: LOS MEJORES VALORES PARA COMERCIAR

Una vez que tenga un buen plan de gestión de riesgos, es hora de elegir las acciones adecuadas. Puede tener la mentalidad correcta y la estrategia perfecta, pero si va al mercado con frecuencia y selecciona acciones horribles, nada salvará su operación. Hay muchos comerciantes principiantes que no saben cómo encontrar una buena acción, o incluso de qué se trata una buena acción. Cometerán muchos errores y terminarán creyendo que este mercado es demasiado difícil para negociar. No importa qué tipo de comerciante sea, si sus acciones no tienen el volumen adecuado y no se mueven, no obtendrá ganancias. dinero constantemente. Y cuando negocias una acción que no termina moviéndose, es básicamente un día que se desperdicia.

Por supuesto, no se trata solo de que las acciones se muevan; en realidad queremos verlos moverse en cierta dirección. Queremos verlos subir para que podamos obtener una ganancia cuando los vendamos al final del día.

## Acciones en juego

Una de las mejores opciones con las que puede optar es Stock in Play. Esta es una acción que le ofrece una buena configuración de riesgo para recompensar, lo que significa que su desventaja será de 5 centavos y su ventaja será de 25 centavos. Estos son buenos porque puede leer estas opciones de Stock in Play que están a punto de cambiar y se negociarán más alto o más bajo que el precio actual. Los movimientos de estas acciones serán predecibles, frecuentes y podrá detectarlos antes de que cambien. También le permiten ser lo más eficiente posible con su poder adquisitivo.

Hay muchas opciones cuando se trata de encontrar acciones en juego. Algunas de las cosas que pueden ser cuando estás buscando uno incluyen:

• Una acción que tiene algunas noticias frescas

• Una acción que sube o baja al menos un dos por ciento antes de que el mercado abra.

• Una acción que tiene una actividad comercial previa a la comercialización que es un poco inusual.

• Una acción que desarrollará importantes niveles intradiarios desde los cuales podemos negociar

También quiere asegurarse de que está eligiendo una acción que funcionará bien, independientemente de cómo esté el mercado. Hay algunas acciones que simplemente están subiendo porque el resto del mercado está subiendo. Estas no son las mejores acciones porque también son las que bajarán tan pronto como baje el mercado. Más bien, querrá optar por una acción que funcione bien sin importar cómo le vaya al mercado. Estas acciones seguirán funcionando bien, incluso con una recesión económica, y esto las convierte en una excelente opción para obtener ganancias.

También es importante elegir una acción que tenga una buena cantidad de liquidez. Nunca es una buena idea comprar una acción que luego no podrá vender. Cuando una acción es líquida, significa que hay mucha demanda con la acción y hay muchos compradores y vendedores. Si elige una acción que no se considera líquida, significa que tendrá muchos problemas para vender esa acción al final del día. Pero cuando una acción es líquida, no tendrá problemas para venderla más adelante cuando sea el momento.

Por lo tanto, es posible que le interese saber un poco más sobre estas opciones de Stock in Play y qué hace que una acción encaje aquí. En muchos casos, esta será la nueva publicación de información fundamental sobre la acción, ya sea durante el mismo día en que está operando o el día anterior. Es por eso que parte de su investigación debe incluir la lectura de periódicos y otras fuentes para ver qué noticias o eventos están sucediendo en diferentes empresas. Esta noticia puede tener una influencia positiva o negativa en una acción, y conocerla con anticipación puede ayudarlo a evitar o elegir la acción, según la información que encuentre.

Hay una serie de eventos noticiosos que debe buscar para determinar si las acciones saldrán como le gustaría. Algunos de estos catalizadores fundamentales que pueden cambiar al menos temporalmente el valor de las acciones incluyen:

- Los informes de resultados de la empresa

- El preanuncio de ganancias

- Sorpresas en las ganancias

- Desaprobaciones o aprobaciones de la FDA con respecto a las acciones

- Adquisiciones o fusiones de la empresa

- Alianzas o lanzamientos importantes en productos

- Grandes pérdidas o ganancias con contratos

- Cambios gerenciales, despidos y reestructuraciones.

- Ofertas de deuda, recompras y splits de acciones.

Como parte de su estrategia, para casi todas las diferentes estrategias que elija, es una buena idea pasar algún tiempo revisando las noticias y viendo lo que está pasando con una empresa. Con el tiempo, podrá captar algunas de estas noticias con anticipación, y luego podrá elegir una acción mientras el precio es bajo y venderla más tarde en el día cuando otros escuchen las noticias y la demanda vuelva a subir.

# Flotación y capitalización de mercado

Hay tres categorías principales en las que se incluirán la mayoría de las acciones cuando se trata de comercio minorista. Este tipo de categorización le brindará un poco más de claridad sobre cómo elegir las acciones correctas para que pueda elegir una buena estrategia que las acompañe. Primero, debemos analizar y comprender algunas de las definiciones que acompañan a esta parte.

Primero está el flotador. Flotación significa el número de acciones que están actualmente disponibles para ser negociadas. Esto variará según la cantidad de acciones que la compañía ofreció a los accionistas para comenzar y cuántas acciones los accionistas están dispuestos a desprenderse. Hay algunas acciones, como Apple, que se consideran acciones de mega capitalización que no se mueven mucho a lo largo del día porque necesitan mucho dinero y volumen para negociarse.

Luego están las acciones que tienen lo que se considera una flotación baja. Esto significa que cuando surge una gran demanda, puede cambiar rápidamente el precio de las acciones. Estas son acciones volátiles que se mueven rápidamente, algo que el comerciante de día realmente disfrutará y dado que muchas de estas acciones de flotación baja tienen un valor de menos de $ 10 (principalmente porque las empresas que las poseen están en las primeras etapas y no son tan rentables), pueden ser fácil para un comerciante principiante entrar. La esperanza con estas acciones es que crezcan y el inversionista pueda ganar dinero.

Volvamos a las tres categorías de las que acabamos de hablar. La primera categoría consistirá en las acciones de flotación baja, especialmente las que tienen un precio de $10 o menos. Estas acciones se considerarán volátiles, moviéndose un 10 por ciento o más cada día. De hecho, algunos de los más exitosos han podido moverse más del 1000 por ciento en un día. Esto puede significar que obtendrá un buen retorno de la inversión en esta categoría, pero es importante tener cuidado en esta categoría. Es posible que convierta una pequeña inversión en una grande con estas acciones, pero también es posible que pierda todo su dinero.

Estas acciones a menudo se manipulan y, a veces, puede ser difícil negociar con ellas. A menudo, los comerciantes minoristas experimentados son los únicos que comerciarán con estas acciones. Aquí es donde encontrará las afirmaciones locas de convertir $ 1000 en $ 10,000 en un mes, pero es difícil de hacer, y la mayoría de los operadores principiantes e intermedios no podrán hacerlo de manera eficiente. Si decide trabajar con este tipo de categoría, debería considerar usar la Estrategia Bull Flag Momentum para ver los mejores resultados.

La segunda categoría de acciones que puede considerar es la acción de flotación media. El precio de estos generalmente caerá entre $ 10 y $ 100. Estas acciones a menudo estarán entre 5 y 500 millones de acciones para la empresa, y muchas de las estrategias que analizaremos más adelante funcionarán bien con este tipo de acciones. Hay algunas opciones que costarán más de $100, pero muchos comerciantes evitarán estas opciones. Dado que son tan caras, no podrá comprar una tonelada de estas opciones, y las hace inútiles para el comercio diario con esas acciones.

La tercera categoría son las acciones de mega capitalización e incluiría opciones como Apple y Microsoft. Estas empresas suelen tener más de 500 millones de dólares en acciones públicas que pueden estar disponibles para negociar. Estas acciones se negociarán en millones de acciones en un solo día. Estos son los que se moverán solo después de que los bancos de inversión o los comerciantes institucionales vendan o compren posiciones más grandes. Un comerciante minorista regular no podrá mover el precio de las acciones.

En la mayoría de los casos, los comerciantes minoristas no trabajarán con estas acciones a menos que puedan adivinar que un comerciante institucional más grande está a punto de hacer un gran movimiento que podría beneficiarlos. Pero a menos que esté seguro de esto, es mejor evitar trabajar con estas acciones porque son difíciles de manejar cuando solo puede negociar de 100 a 1000 acciones.

Encontrar las acciones que se ajusten a estas categorías será el mayor desafío al que se enfrentará cuando comience por primera vez. Necesita encontrar una acción que tenga un precio que pueda pagar, una que parezca que va a subir de precio pronto y una que tenga suficiente volatilidad para que pueda venderla (ya sea con ganancias o pérdidas). ) al final del día. Si sigue los consejos de este capítulo, se asegurará de que pueda obtener las acciones correctas y, de hecho, obtener ganancias en la mayoría de las operaciones con las que trabaja.

## CAPÍTULO 5: HERRAMIENTAS DEL OFICIO

Al igual que con cualquier negocio que elija, habrá algunas herramientas que necesitará para convertirse en un comerciante de día exitoso. Las herramientas más importantes que necesitará son una plataforma de ejecución de órdenes. Y, si aún no es parte de una comunidad comercial, es posible que necesite tener un escáner de acciones que lo ayude a encontrar las mejores configuraciones en tiempo real que le harán ganar dinero. Echemos un vistazo para ver qué tipo de herramientas necesita y cómo puede elegir las que sean adecuadas para usted.

# ENCUENTRE EL CORREDOR ADECUADO

Cuando comienza por primera vez con el comercio diario, especialmente si es un principiante, debe encontrar un buen corredor. Tu bróker será quien te asesore sobre qué acciones elegir y te ayudará a realizar estas órdenes a buen precio y en el momento adecuado. Hay muchos corredores diferentes, y elegir el correcto asegurará que obtenga los mejores resultados con su día de negociación. Elija el corredor equivocado y se sentirá decepcionado.

La primera decisión que debe tomar es el tipo de corredor con el que desea trabajar. Hay algunos beneficios para cada uno, y a menudo depende de cuánto le gustaría gastar, cuánto trabajo quiere que el corredor haga por usted y qué características le gustaría que le ofreciera. Algunos de los diferentes tipos de corredores entre los que puede elegir incluyen:

• Corredores interactivos: el primer tipo de corredor que puede elegir es un corredor interactivo. Estos corredores son bastante económicos y pueden causarle $ 1 o menos por operación. Cuando compra 1000 acciones o más, este es un precio bastante bueno en comparación con los casi $ 5 o más que le cobrarán otros corredores. Dependiendo de dónde viva, también pueden trabajar con usted sin tener que tener una gran suma de dinero en la cuenta antes de tiempo, lo que facilita trabajar con ellos.

• SureTrader : Esta es una buena opción para aquellos que son comerciantes internacionales y aquellos que están por debajo del mínimo de $25,000 que es una regla para los residentes de EE. UU. que quieren comerciar en el día. Sin embargo, cobrarán un poco más por la comisión, así que tenga cuidado al elegir uno. Estas compañías a menudo le cobrarán casi $ 10 por completar una compra y una venta. Pero si usted es de los Estados Unidos y no tiene $ 25,000 disponibles para operar, esta es una de las mejores opciones porque le permiten abrir una cuenta por tan solo $ 500.

Por supuesto, hay muchos otros tipos de corredores disponibles. Algunos le ofrecerán solo consejos para ayudarlo a comenzar si solo desea hacer el trabajo por su cuenta. Esto puede ahorrarle dinero, pero recuerde que no obtendrá mucha ayuda en el proceso. Por otro lado, también puede elegir entre un corredor de servicio completo que no solo le ofrecerá algunos consejos, sino que también podrá ayudarlo a completar las transacciones por usted. A menudo depende de lo que esté buscando cuando se trata de su corredor antes de comenzar.

Uno de los beneficios de elegir un corredor es que le dará cierto apalancamiento, de tres a seis veces el apalancamiento. Esto significa que solo puede poner $ 30,000 en el mercado, pero tendrá $ 120,000 en poder adquisitivo (lo que significa que tiene un apalancamiento de 4: 1). Este apalancamiento se conoce como margen y, con muchos corredores, puede operar con el margen. Esto puede ayudarlo si tiene poco dinero para comenzar, pero debe ser responsable. Comprar al margen es fácil, pero también es muy fácil perder todo su dinero. El margen es bueno porque puede darle la oportunidad de comprar más de lo que podría por su cuenta, pero agrega más riesgo y es posible que tenga que devolver más dinero del que puede pagar.

Si está utilizando este apalancamiento y luego pierde dinero, el corredor emitirá una llamada de margen. Esta es una advertencia seria, y es mejor si simplemente evitas recibirla. Cuando recibe una llamada de margen, significa que su pérdida es tanta que equivale al dinero original que está en la cuenta. Si no agrega algo más de dinero a la cuenta, se congelará su cuenta.

Esta es solo una de las características que su corredor puede ofrecerle. Algunos podrán ofrecer plataformas que son únicas y te pondrán por delante del resto del juego. Algunos tendrán diferentes tipos de acciones en las que puede invertir y así

27

sucesivamente. Es una buena idea no solo ver las tarifas que un corredor en particular está solicitando por sus servicios, sino también ver las diferentes características y servicios que podría obtener con ellos. Es posible que sienta la tentación de optar por una opción más económica, pero cuando vea todas las características especiales que ofrece otra opción en comparación con esa opción más económica, puede ser una mejor idea gastar un poco más.

**Plataforma de negocios**

Como comerciante diario, debe poder completar sus operaciones rápidamente, o no tendrá éxito. Si está trabajando con un bróker que no usa el software o las plataformas adecuadas, es posible que no termine sus operaciones lo suficientemente rápido y podría terminar perdiendo dinero o perdiendo una gran ganancia. No desea estar en medio de una operación y ver un gran aumento y luego no poder realizar cambios o vender las acciones porque su plataforma no es la mejor.

Hay muchas plataformas comerciales diferentes con las que puede trabajar. Una opción se conoce como DAS Trader, y es realmente eficiente cuando se trata de todas las cosas que necesita hacer como comerciante diario. Tienen un equipo de soporte útil y están ubicados cerca de los centros de datos de NASDAQ, por lo que está justo en el medio del mercado. Hay muchos corredores que ofrecen esta plataforma cuando abre su cuenta, mientras que otros tendrán su propia plataforma.

Lo mejor que puede hacer es verificar y ver cuánto le gusta la plataforma antes de comenzar. Muchos corredores tendrán una prueba o una forma de probar la plataforma para que pueda familiarizarse con el funcionamiento de los botones y todo con anticipación. Es posible que descubras que te gusta más una plataforma que otra según tus preferencias personales. Pero no importa con qué plataforma elija ir, asegúrese de elegir una que sea rápida, eficiente, que no tenga muchos tiempos de inactividad y que haga que su día de negociación sea más fácil que nunca .

**Datos de mercado en tiempo real**

Con el comercio diario, debe poder ver datos en tiempo real durante el día. No obtiene el beneficio de esperar unos días o semanas para que aparezcan estos datos porque necesita ingresar y salir de una operación en un corto período de tiempo, a veces con unos pocos minutos de diferencia. Hay algunas herramientas disponibles para esto, pero recuerde que deberá pagar una tarifa por esto, ya sea a la plataforma que está utilizando o a su corredor.

A algunas personas les gusta la idea de gastar más dinero. Ya están pagando por su corredor y algunas de las tarifas que se necesitan para su plataforma, y agregar más parece un desperdicio. Pero dependiendo del mercado en el que desee operar, encontrará que tener estos datos en tiempo real lo ayudará un poco. Le ayudará a ver lo que está sucediendo en su mercado y puede facilitar el ajuste de sus operaciones, salir del mercado cuando sea necesario e incluso aumentar sus ganancias.

Hay algunas opciones diferentes que puede elegir para estos datos de mercado, pero una buena opción es la fuente de datos de nivel 2 de vista total de NASDAQ.

**Unirse a una comunidad comercial**

El comercio diario puede ser algo muy difícil de trabajar y, como principiante, puede sentirse emocionalmente agotado cuando haya terminado. Y es probable que tenga muchas preguntas en el camino. Es una buena idea unirse a una comunidad de comerciantes y hablar con otros que están en el mismo barco, haciendo preguntas según sea necesario, para entender las cosas. Es normal tener algunas preguntas al comenzar y unirse a una de estas comunidades puede marcar una gran diferencia en cuánto puede hacer con el comercio diario y si tendrá éxito o no a largo plazo.

Tener las herramientas adecuadas marcará una gran diferencia en el éxito que puede tener con el comercio diario. Un buen corredor podrá brindarle buenos consejos e incluso puede ayudarlo a realizar las operaciones rápidamente por usted. La plataforma adecuada garantizará que podrá realizar las operaciones correctamente cuando las necesite. El escáner en tiempo real adecuado le permitirá captar algunas de las tendencias y mantenerse al día con el rendimiento de sus acciones. Y una buena comunidad podrá ayudar a responder todas y cada una de las preguntas que tenga en el camino. Asegúrese de tener algunas de estas herramientas y estará listo para comenzar.

## CAPÍTULO 6:
## LAS VELAS Y LAS ESTRATEGIAS ADECUADAS

Ahora que hemos dedicado un tiempo a hablar sobre el comercio diario y cómo comenzar, es hora de comenzar a hablar sobre algunas de las estrategias que puede usar para tener éxito en el comercio diario. El comercio diario es difícil, y si no se toma el tiempo para elegir una buena estrategia y aprenderla por completo, se volverá más difícil. La primera estrategia que veremos es la estrategia de velas japonesas. Hay algunas opciones que vienen con él y, a menudo, depende de la dirección en la que crea que irá el mercado.

Para crear un gráfico de velas, necesita algunas cosas. Estas cosas incluyen:

• El precio de apertura

30

- El precio más alto en el marco de tiempo elegido

- El precio más bajo que ocurre en ese mismo período de tiempo

- Los valores del precio de cierre para cada período de tiempo que desee mostrar.

Puede elegir qué marco de tiempo se usa, pero asegúrese de que sea consistente para todo su gráfico. Algunas personas van todo el día, o puedes elegir una hora para ayudarte. la parte hueca o llena del gráfico será el cuerpo, mientras que las líneas delgadas que aparecen debajo y arriba del cuerpo serán los rangos alto y bajo, y se conocen como las sombras (o puede llamarlas colas o mechas). ).

La parte alta estará marcada por la parte superior de la sombra superior mientras que la parte baja por la parte inferior de la sombra inferior. Si la acción termina cerrando por encima de su precio de apertura, deberá dibujar una vela hueca en la parte inferior del cuerpo que representa el precio de apertura y la parte superior del cuerpo que representa el precio de cierre. Por otro lado, si su acción termina cerrando por debajo de lo que abrió, la vela llena se dibuja con la parte superior del cuerpo como el precio de apertura y luego la parte inferior como el precio de cierre.

Una cosa para recordar aquí es que las velas huecas que tienen un cierre mayor que la apertura indicarán que existe cierta presión de compra. Sin embargo, si hay una vela llena donde el cierre es menor que la apertura, indicará que hay cierta presión de venta.

**Velas alcistas**

Bullish Engulfing Pattern

Como se mencionó, hay algunos tipos diferentes de velas con las que puede trabajar, y la primera opción serán las velas alcistas. Las velas que tienen un cuerpo más grande hacia la parte superior se consideran alcistas, y significan que los compradores serán los que controlen el precio. Cuando vea este tipo de gráfico, tenga en cuenta que es probable que los compradores sigan presionando para que el precio suba. Este tipo de vela no solo le dirá el precio, sino que también podrá decirle que los alcistas están ganando y que tienen el poder.

## velas bajistas

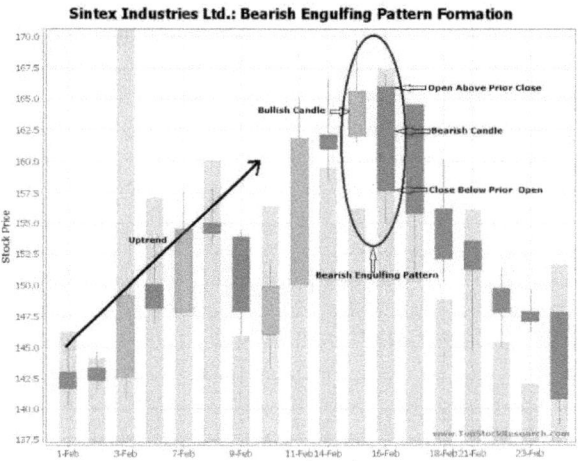

Sintex Industries Ltd.: Bearish Engulfing Pattern Formation

También están las velas bajistas. Funcionarán de manera un poco diferente de lo que encontrará con las velas alcistas y pueden hacer que reaccione de una manera diferente. Cuando ve una vela bajista, significa que los vendedores son los que controlan la acción del precio que se lleva a cabo en el mercado y que comprar probablemente no sea una buena idea en este momento.

Cuando ves una vela que está llena y tiene un cuerpo lleno bastante largo, significa que tu apertura fue alta, pero el cierre fue bajo. Esta es una forma de saber que el mercado es bajista en este momento y probablemente no sea una buena idea ingresar al mercado en este momento. Probablemente no obtendrá un buen precio por las acciones porque el precio de mercado está bajando y no hay tantos compradores interesados en este momento.

Con solo poder leer estas velas, podrá generar una opinión sobre cómo será la acción en general, o la acción del precio. Debe comprender qué parte (el comprador o el vendedor) está a cargo del precio puede ayudarlo a determinar si ahora es un buen momento para comprar las acciones o no. Cuando tiene un

33

mercado alcista, el precio seguirá subiendo, por lo que es una buena idea lanzarse y luego vender las acciones a un precio más alto. Pero si está en un mercado bajista, lo más probable es que el precio baje, y no le conviene hacer una compra.

## candelabros de indecisión

También hay algunas velas que se conocen como velas de indecisión. Hay dos tipos principales de velas de indecisión, incluidos los trompos y los Dojis . Echemos un vistazo a estos y determinemos qué significan ambos para el mercado.

*Trompos*

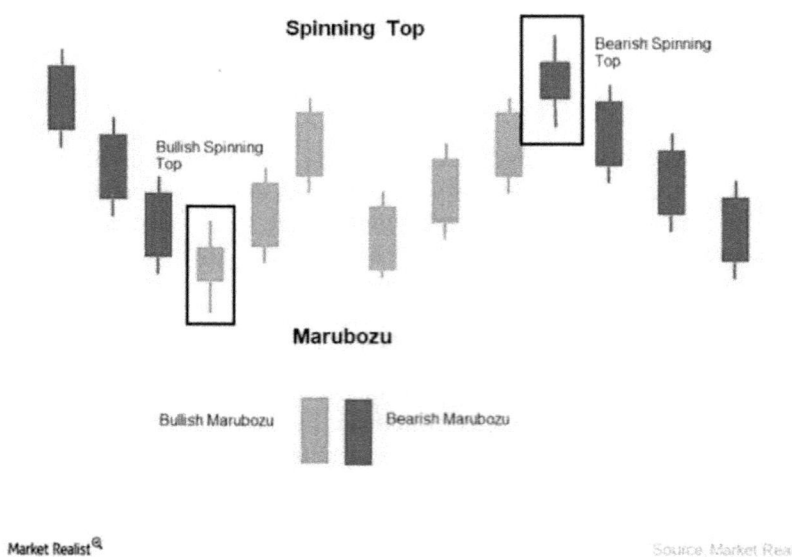

34

Las peonzas son velas que tienen mechas altas de tamaño similar y luego mechas bajas que resultan ser más grandes que la parte inferior y se ven un poco indecisas. Con estas velas japonesas, los vendedores y los compradores tienen poderes que son bastante parecidos. Nadie tiene realmente el control sobre el precio de las acciones, pero todavía hay una lucha que está ocurriendo. El volumen de estos será menor porque los comerciantes quieren esperar y ver si los compradores o los vendedores serán los que vayan.

Notará que una tendencia en el precio a menudo cambiará de inmediato después de este tipo de vela de indecisión, una vez que los vendedores o los compradores hayan ganado la pelea, por lo que vale la pena reconocer este tipo de acción del precio. . Es posible que desee esperar un poco antes de saltar al mercado para ver de qué manera irá el mercado. A veces irá bien y el precio subirá, pero el mercado también podría ir en sentido contrario y podrías ver caer el precio.

*Dojis*

Otro tipo de patrón de velas que debe tener en cuenta es el Doji . En realidad, hay algunas formas y formas de esto, pero no tendrán cuerpo en el candelero o al menos tendrán un cuerpo realmente pequeño. Cuando ves que hay un Doji en el gráfico, significa que hay una pelea entre los alcistas y los bajistas y nadie está ganando todavía.

Hay ocasiones en las que el Doji tendrá una mecha superior e inferior que son desiguales. Si la parte superior de la mecha termina siendo más larga, significa que el comprador intentó subir el precio, pero no tuvo éxito. Pueden mostrar que los compradores están empezando a perder poder y es posible que los vendedores empiecen a hacerse cargo. Por otro lado, si la mecha inferior es más larga, esto significa que los vendedores intentaron bajar el precio y no tuvieron éxito. Esto puede significar que habrá una toma de control de la acción del precio por parte de los alcistas.

Definitivamente puede usar esto para ayudarlo a ver qué tendencias están sucediendo. Si una de estas velas aparece durante una tendencia alcista, significa que los alcistas se están desgastando y ahora los bajistas están tratando de tomar el control del precio. Si esta vela se forma cuando hay una tendencia bajista a la baja, sugiere que ahora los bajistas están cansados y ahora los compradores o los alcistas tomarán el control del precio. Esto puede ayudarlo a ver cuándo está a punto de ocurrir una tendencia en el mercado y puede ayudarlo a tomar algunas decisiones inteligentes.

El patrón de velas es una excelente manera de predecir cómo va el mercado. Cuando el mercado sube en función de estas velas, querrá comprar y luego vender antes de que bajen. Cuando el mercado está bajando en función de estas velas, querrá permanecer fuera del mercado si aún no está dentro, o querrá vender antes de que el precio baje y pierda demasiado dinero. Tómese un tiempo para aprender cómo hacer estos gráficos, y descubrirá que son una forma fantástica de monitorear la forma en que va el mercado.

# CAPÍTULO 7: EL ABCD BÁSICO

Como comerciante principiante, es posible que desee considerar trabajar con el patrón ABCD porque es básico y fácil de operar. Aunque existe desde hace algún tiempo y es simple, sigue siendo efectivo, razón por la cual tantos comerciantes todavía lo usan. Con esta estrategia, harás lo que hacen los otros comerciantes en el mercado porque crees que la tendencia es tu amiga. Echemos un vistazo a cómo puede funcionar este.

El patrón ABCD comenzará con un fuerte movimiento ascendente. En este momento, los compradores están comprando agresivamente una acción desde el punto A y haciendo constantemente nuevos máximos del día, que es el punto B. Querrá ingresar a la operación en este punto, pero no persiga la operación ya que el punto B es ya un precio inusualmente alto. Además, en este punto, no puede decir dónde debería estar el límite de pérdida y nunca es una buena idea operar sin establecer el punto de límite.

En el punto B, los comerciantes que ya compraron las acciones en un momento anterior comenzarán a vender lentamente sus acciones para obtener alguna ganancia, y esto hará que el precio baje. No es una buena idea entrar en una operación en este momento porque no podrá adivinar dónde ocurrirá el retroceso. Sin embargo, si ve que el precio no está bajando de un nivel específico, como el punto C, esto significa que la acción está funcionando con algún soporte potencial.

37

Esto significa que podrá planificar la operación y luego configurar las paradas que necesita para obtener el mayor beneficio.

Esta estrategia es bastante básica y puede ayudarlo a obtener los resultados que le gustaría obtener de su estrategia comercial. Echemos un vistazo a algunos de los pasos que haría con esta estrategia para que pueda comenzar a usarla para su propio beneficio personal con el comercio diario.

• Cuando mire en su escáner que hay una acción que está subiendo desde su punto A y ha alcanzado un nuevo gran máximo para el día, que es el punto B, debe echar un vistazo. Querrá ver si el precio puede hacer un soporte que sea más alto que el punto A. Si obtiene ese soporte, ese será su punto C. Solo asegúrese de no saltar a esta operación demasiado pronto.

• Entonces querrá asegurarse de que está observando la acción al menos durante el período de consolidación. A partir de esta información, podrá elegir el tamaño del recurso compartido con el que desea trabajar, así como la estrategia de salida y parada.

• Cuando empiece a notar que el precio mantiene el soporte en el punto C, es el momento de entrar en la operación a un precio que esté lo más cerca posible del punto C. La anticipación es que se moverá hasta el punto D, si no más alto.

• Para esta opción, el stop será la pérdida del punto C. Si en algún momento del día, el precio termina bajando del punto C, es hora de vender la acción y aceptar la pérdida que tienes. Por eso es tan importante comprar las acciones cerca del punto C para que pueda mantener sus pérdidas al mínimo.

• Si el precio de esa acción en particular continúa subiendo, es hora de vender la mitad de su posición cuando alcance el punto D. Luego puede subir el stop hasta el punto de entrada para que al menos alcance el punto de equilibrio.

• Tan pronto como alcance el objetivo o empiece a ver que el precio está perdiendo fuerza, es hora de vender el resto de sus acciones. Cuando el precio llega a un nuevo mínimo, significa que los compradores se están agotando y la tendencia retrocederá.

Como puede ver, esta es una estrategia bastante básica que puede usar, y mientras espere para ingresar al mercado hasta que se alcance un buen punto y se mantenga en sus puntos de parada, obtendrá una ganancia. Sin embargo, debe vigilar las acciones porque es posible que la tendencia cambie demasiado. Y no compre las acciones demasiado lejos del punto C, o perderá algunas de las ganancias que puede usar. Si es un principiante y desea tener la oportunidad de ingresar al mercado y ver cómo funciona el comercio diario sin tener que involucrarse en las estrategias más difíciles, entonces la estrategia ABCD es una buena opción para trabajar.

## CAPÍTULO 8: ESTRATEGIAS de operaciones de reversión

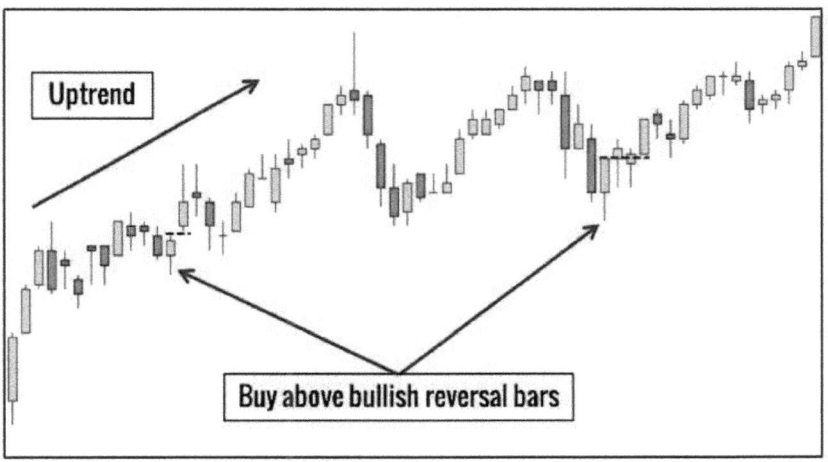

Las opciones de reversión inferior y superior son dos estrategias comerciales en las que confiarán muchos comerciantes diarios. Esto se debe a que las estrategias de reversión tendrán puntos de entrada y salida definidos, lo que le brinda pautas claras sobre cuándo debe ingresar al mercado y cuándo debe abandonar el mercado. Podrá encontrar las mejores configuraciones de reversión utilizando un escáner y las velas de indecisión lo ayudarán a configurar sus puntos de entrada y más para que obtenga los mejores resultados con el comercio de reversión.

Cuando trabaje con una estrategia de reversión, notará que hay cuatro elementos importantes que deben estar presentes. Estos cuatro elementos incluyen:

1. Debe haber un mínimo de cinco velas presentes en un gráfico de cinco minutos. Pueden estar moviéndose hacia abajo o hacia arriba, pero necesitan estar presentes.

2. La acción tendrá un indicador de Índice de Fuerza Relativa extremo de cinco minutos. Si el RSI está por encima de 90 o por encima de 10, debería captar su interés. Este RSI comparará la magnitud de las pérdidas o ganancias recientes durante un período de tiempo específico para medir qué tan rápido y cuánto fue el movimiento del precio. Los valores estarán en un rango de 0 a 100. Esto puede usarse para ayudarlo a reconocer una acción que está sobrevendida o sobrecomprada. Si el RSI está por encima de 90, muestra que las condiciones de la acción están sobrecompradas y si el RSI está por debajo de 10, significa que las condiciones están sobrevendidas.

3. La acción se negocia cerca, o al menos cerca, de un importante nivel de soporte o resistencia.

4. Una vez que vea una tendencia que está llegando a su fin (que se puede ver con velas de indecisión), podría estar cerca de una reversión. Esto es lo que debe tener en cuenta, y debe estar preparado.

Cuando trabaje con el comercio de reversión, buscará una vela de indecisión. Estos son importantes porque indicarán que una tendencia actual cambiará pronto. La vela Doji realmente ayudará a mostrar esto. Por ejemplo, si tiene una vela que tiene una cola superior, puede darse cuenta de que durante este período, el precio subió, pero el mercado no pudo mantenerse en este nivel, por lo que las acciones se vendieron. Representará la batalla en la que el comprador perdió su empujón. Pronto el vendedor podrá controlar el precio, y esto lo empujará hacia abajo.

Esto también puede ser cierto en sentido contrario. Cuando la vela tiene una mecha larga e inferior, podrá adivinar que en algún momento durante este período, el precio bajó, no pudo mantenerse en estos niveles y luego se compró. Con esta batalla, los vendedores perdieron con su empuje hacia abajo, y es probable que los compradores vuelvan a empujar el precio hacia arriba.

Durante una estrategia comercial de reversión, querrá buscar estas velas de indecisión porque mostrarán que la operación actual cambiará pronto. Desea asegurarse de que lo que está mostrando va a ser claramente un reverso porque nunca es una buena idea estar en el lado equivocado de la próxima operación de reversión. Esto significa que cuando una acción no se vende bien, no desea realizar una compra suponiendo que volverá a comprar. Cuando las acciones están cayendo, es mejor esperar hasta que pueda confirmar que hay una reversión. Una buena manera de ver esto es cuando ves que se está formando una vela Doji o de indecisión.

También puede mirar el RSI para ver si está por encima de 90 o por debajo de 10. Cuando vea esto, querrá buscar la entrada real cerca de un fuerte soporte intradiario (si está trabajando con una reversión inferior), o un nivel de resistencia (si está trabajando para una reversión superior).

Echemos un vistazo a la inversión inferior primero. En este, cuando tienes una larga fila de velas una al lado de la otra que están haciendo nuevos mínimos, la primera vela que aparece y que hace un nuevo máximo cerca de un nivel de soporte importante será la más importante. Para muchos comerciantes, este será el punto de entrada. Aún podrá obtener la acción a un precio bajo debido a su historial, pero dado que hubo una vela que subió, es probable que la tendencia cambie y podría vender a un precio mucho más alto cuando la tendencia revierte

Una vez que esté trabajando con una de estas operaciones inferiores, sus indicadores de salida serán bastante simples. Si la acción sube y luego vuelve a bajar, es una buena idea detenerse y asumir una pérdida. Si compra la acción con la esperanza de que suba más y el precio se desvíe, esto es una señal de que el precio volverá a bajar y seguirá cayendo, por lo que es mejor salir del mercado. Si ingresa al mercado y el precio se mantiene estable incluso durante unos minutos, es hora de salir, independientemente de lo que suceda a continuación. Y luego, si el precio sube, sabe que obtendrá una ganancia y puede estar atento a algunos de los otros indicadores para saber cuándo debe salir para obtener una ganancia.

En las estrategias de reversión, una de las cosas más importantes que debe hacer es observar las acciones que suben o bajan, mientras busca posibles niveles de resistencia y soporte y áreas que resultarán en una buena oportunidad para operar. Esta es una buena idea porque hace que sea más difícil ser impulsivo y reduce la cantidad de veces que se precipita en el comercio. Más bien, siempre debe esperar los momentos en que haya estancamiento en el mercado antes de unirse a la operación.

Para resumir, la estrategia que necesita usar para la estrategia de reversión inferior incluye:

• Configure un escáner que le permita saber cuándo cuatro o más velas japonesas comienzan a descender extremadamente. Luego puede echar un vistazo a esta acción y revisar los niveles diarios de soporte y resistencia cerca de la acción para ver si será bueno.

• Debe esperar la confirmación de algunas cosas. Primero, desea tener la formación de un Doji alcista o al menos una vela de indecisión. Luego, desea asegurarse de que las acciones se negocien cerca o en un nivel de soporte intradiario significativo. Y finalmente, desea que el RSI sea inferior a 10.

• Continuará observando la acción, y cuando alcance un nuevo máximo de 1 o 5 minutos, es hora de comprar la acción.

• El stop loss será el mínimo de la vela roja anterior o al menos el mínimo del día.

• El objetivo de ganancias para esto será el siguiente nivel de soporte, el precio promedio ponderado por volumen, o las acciones alcanzarán un nuevo mínimo a los cinco minutos, lo que muestra que el vendedor está comenzando a recuperar el control nuevamente.

También puede optar por trabajar con la inversión superior. Esta estrategia será similar a la que puede encontrar con la opción de inversión inferior, pero trabajará en el lado de la venta en corto. Los pasos que debe seguir para que este funcione bien para usted incluyen:

Configure un escáner que resalte cualquier acción que tenga al menos cuatro velas juntas que estén subiendo. Cuando esto llegue al escáner, observe el nivel diario y el volumen de su resistencia y soporte cerca de la acción para ver si funcionará.

• A continuación, querrá esperar a que se confirme la estrategia de reversión superior. Esto puede incluir la formación de una vela de indecisión bajista, la acción que se negocia cerca de un nivel de resistencia importante o tiene un RSI superior a 90.

• Cuando la acción alcanza un nuevo mínimo en la parte de cinco minutos, esto muestra que hay una señal de debilidad. Es hora de vender en corto las acciones que ya posee si tiene algunas acciones disponibles.

• La parada para esto será el máximo de la vela anterior, o puede ir con el máximo del día.

• El objetivo de ganancias será cuando la acción alcance un nuevo máximo de cinco minutos o cuando alcance un nuevo nivel de soporte.

Hay algunos comerciantes de día que basarán toda su estrategia en el uso de intercambios de reversión, y pueden tener mucho éxito con ellos. Estas estrategias son bastante seguras, una vez que aprende a usarlas y tienen una relación riesgo-recompensa que es buena. Además, cada día que utilice esta estrategia, seguramente encontrará algunas acciones que funcionarán bien para estas operaciones. Si no está seguro de qué tipo de operaciones realizar en un día en particular, puede ser el momento de considerar trabajar con una estrategia de reversión y ver cómo funciona para sus necesidades.

La siguiente estrategia que veremos es el comercio de tendencia de media móvil. Hay algunos comerciantes que usarán los promedios móviles como una forma de elegir puntos potenciales de entrada y salida para las acciones que están negociando. Hay muchas acciones que comenzarán con una tendencia alcista o bajista una vez que hayan comenzado su tendencia matutina y podrá ver sus promedios móviles en los gráficos de 1 minuto y 5 minutos como un tipo de resistencia móvil o línea de soporte. . Esto puede ser un beneficio para usted porque puede seguir la tendencia con el promedio móvil.

La tendencia del promedio móvil parecerá complicada para trabajar, pero los pasos son bastante simples e incluyen:

• Cuando está mirando una acción en juego y ve que hay una tendencia que comienza a formarse alrededor de un promedio móvil, es hora de considerar el comercio de tendencias. Querrá echar un vistazo a los datos comerciales de las acciones del día anterior para ver cómo respondieron las acciones a esos promedios móviles.

• Una vez que vea qué media móvil es la más adecuada para el comportamiento de su operación, es hora de comprar la acción. Por supuesto, debe esperar para confirmar que el promedio móvil es el soporte y siempre comprar cerca de la línea del promedio móvil como pueda. Escoger la parada es bastante simple. Debe colocar la parada entre cinco y diez centavos por debajo de esta línea de promedio móvil. Si está utilizando un gráfico de velas japonesas, querrá colocar el inicio cerca del promedio móvil para las posiciones largas.

• Ahora sólo seguirá esta tendencia hasta que se rompa la media móvil.

• Nunca es una buena idea usar paradas dinámicas con esta opción, y esta estrategia requerirá toda su atención. Use sus propios ojos, y no un escáner u otras herramientas para monitorear cómo va la tendencia.

• Si la acción comienza a moverse muy alto desde su promedio móvil, esto significa que está obteniendo una buena ganancia. A veces es una buena idea tomar su media posición en lugar de ir hasta el descanso. Esto al menos le proporcionará una ganancia y, a veces, la tendencia en movimiento bajará antes de su ruptura. Si esto sucede, podría perder todas las ganancias. Si vende en su posición media, por fin, obtuvo alguna ganancia.

Esta es una estrategia que a algunos comerciantes les gusta hacer, pero muchos principiantes la evitarán porque lo deja expuesto al mercado por un período de tiempo más largo. Algunas de estas operaciones de tendencia pueden durar unas pocas horas o más, y para algunos comerciantes de día, esto es demasiado tiempo para confiar en el mercado. A la mayoría de los comerciantes de día les gusta ir mucho más rápido, obteniendo ganancias en unos pocos minutos, pero si está interesado en operar durante unas pocas horas, podría ser la mejor opción para usted.

A algunos principiantes les gusta esta opción porque les ayuda a familiarizarse con el comercio y no requiere una toma de decisiones tan rápida como las otras opciones. Tampoco tendrá que depender de las teclas de acceso rápido al iniciar. Puede usar la estrategia de tendencias para reconocer su stop loss y sus puntos de entrada más fácilmente que algunos de los otros métodos también, algo que es especialmente importante para aquellos operadores que están atascados pagando comisiones minoristas más altas y que no pueden entrar y salir. de sus operaciones sin pagar una gran tarifa. Dado que la estrategia de tendencia de media móvil tiene un punto de entrada y salida que son fáciles de ver, es más fácil obtener una buena ganancia con solo dos órdenes, lo que puede ahorrar dinero a algunos operadores.

## CAPÍTULO 10: COMERCIO DE APOYO Y RESISTENCIA

El comercio de soporte y resistencia es muy popular, y probablemente encontrará muchos comerciantes que deciden seguir este tipo de estrategia para ayudarlos a hacerlo bien. En estos casos, el soporte será el nivel de precios cuando la compra sea tan fuerte que pueda revertir o interrumpir la tendencia bajista actual que se está produciendo. Cuando su tendencia bajista actual termine alcanzando un nuevo nivel de soporte, rebotará. Luego, el soporte se mostrará en un gráfico usando una línea horizontal que conectará al menos dos fondos.

Por otro lado, la resistencia será la contraria. Este es el nivel de precios donde la posición de venta es tan fuerte que puede revertir o interrumpir la tendencia alcista. Cuando su tendencia alcista alcance ese nivel de resistencia, la tendencia se detendrá y, a veces, incluso se derrumbará. La resistencia se puede representar en su gráfico mediante una línea horizontal que conectará al menos dos topes.

Es posible obtener menor resistencia o soporte. Esto hará que la tendencia se detenga. Pero cuando está trabajando con un soporte o una resistencia que se considera importante, puede hacer que la tendencia se revierta. Los operadores que usan esta estrategia comprarán en el soporte y luego venderán en la resistencia, lo que a menudo hace que la estrategia sea más efectiva debido a la forma en que se comportan.

Encontrar las líneas de resistencia o soporte en sus gráficos diarios puede ser difícil, y habrá momentos en los que será difícil dibujar una línea clara. No tienes que dibujar nada en el gráfico si no lo encuentras ese día porque si te estás perdiendo una línea, es probable que los demás tampoco lo vean. Cuando esto suceda, es posible que desee considerar otra estrategia para el día.

Cuando esté listo para dibujar algunas de sus propias líneas de resistencia o soporte en sus gráficos diarios, estos son algunos de los consejos que puede usar para hacerlo más fácil:

• Por lo general, comenzará a ver velas de indecisión en el área de resistencia o soporte porque aquí es donde los vendedores y los compradores están luchando estrechamente entre sí.

• Es común ver dólares enteros, y los medios dólares actuarán como resistencia o nivel de soporte, especialmente cuando se trabaja con acciones de $10 o menos. Si no puede encontrar la línea de resistencia o soporte que está cerca de estos números en su gráfico diario, recuerde que estos números pueden ser como una línea invisible.

• Cuando dibuje las líneas, debe asegurarse de que está viendo datos recientes para obtener los mejores resultados.

• Cuanto más de la línea toque un precio extremo, más buena será la línea para su resistencia o su soporte y tendrá algo más de valor. Realmente querrás enfatizar este tipo de línea.

• Solo desea considerar las líneas de resistencia o soporte que se encuentran en el rango de precios actual. Entonces, si el precio de la acción está en $20 en este momento, no vale la pena buscar estas líneas en la región en la que la acción estaba en $40. No es tan probable que las acciones vuelvan a subir a esa zona, así que manténgase en el rango en el que se encuentra ahora.

• Recuerde que estas líneas no van a ser un número exacto y son más un área. Entonces, si encuentra un área que está alrededor de $ 19.69 para una línea de soporte, verá que el movimiento está cerca de ese número, pero no exactamente ese número. Por lo general, está bien ver que el área está entre cinco y diez centavos del número que encuentra.

• El precio con el que está trabajando debe tener un claro rebote desde ese nivel. Si no puede determinar si el precio ha rebotado en ese nivel, probablemente no sea el nivel de resistencia o soporte que desea. Los niveles de resistencia o soporte que son importantes se destacarán y serán realmente notorios, por lo que si está cuestionando uno de ellos, no es el correcto.

• Cuando se trata de transacciones diarias, es mejor trazar estas líneas a lo largo de los precios extremos en los niveles diarios en lugar de a través de las áreas donde muchas de estas barras se han detenido.

Cuando comiences con estas líneas por primera vez, encontrarás que dibujarlas será bastante complicado. La buena noticia es que cuando comiences y lo intentes varias veces, te acostumbrarás y verás que no es demasiado difícil.

Una vez que haya podido dibujar estas líneas de resistencia y soporte, es hora de trabajar en esta estrategia para decidir cuándo es el momento de comprar y vender las acciones con las que está trabajando. Para comenzar con esta estrategia comercial, siga estos sencillos pasos para ayudarlo a comenzar.

• Por la mañana, haga su lista de vigilancia para el día. Mire los gráficos y luego use los pasos anteriores para elegir sus áreas de resistencia y soporte.

• Ahora mire la acción del precio en esas áreas en su gráfico de cinco minutos. Si encuentra que se está formando una vela de indecisión cerca de esa área, es una buena confirmación de esa área y puede ingresar a la operación. Querrá hacer una compra lo más cerca posible del nivel de soporte porque esto lo ayudará a minimizar su riesgo.

• Entonces decidirá retirarse y obtener una ganancia cuando alcance el próximo soporte o el próximo nivel de resistencia.

• Querrás mantener la operación abierta para que puedas alcanzar tu objetivo de ganancias o hasta que alcances una nueva resistencia o nivel de soporte.

• Algunos operadores venderán en posiciones medias cerca del objetivo de ganancias antes de mover el stop hasta el punto de entrada al punto de equilibrio.

• Si está mirando los gráficos y no hay niveles de soporte o resistencia obvios con los que pueda trabajar a continuación, es hora de considerar cerrar su operación. Es mejor hacer esto en los niveles de dólar redondo o medio dólar más cercanos.

Hay muchas acciones que funcionarán con este tipo de negociación, y puede ser excelente para ayudarlo a determinar el mejor momento para ingresar al mercado y cuándo finalizar. Deberá tener algo de práctica sobre cómo dibujar sus propias líneas de resistencia y soporte, pero una vez que tenga esa parte, es muy fácil trabajar con este tipo de estrategia para ver resultados.

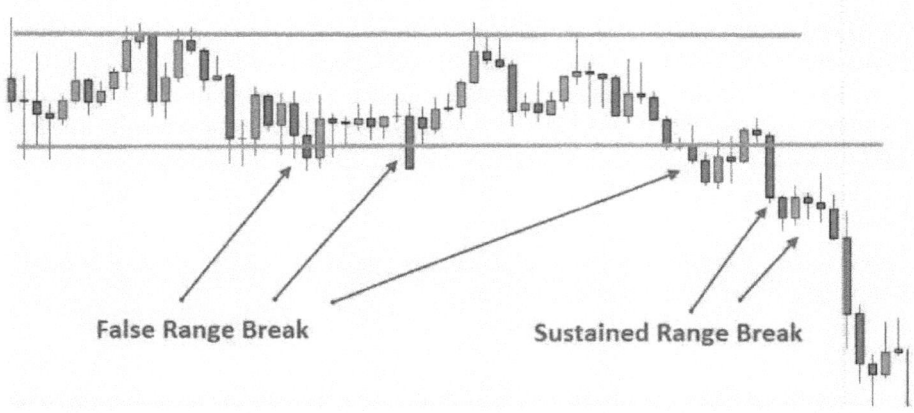

Ahora vamos a echar un vistazo a otra estrategia comercial que es bastante conocida y se llama estrategia de ruptura del rango de apertura u ORB. Esta es una buena estrategia porque señalará un punto de entrada, pero no le indicará el objetivo de ganancias. Podrá elegir el mejor objetivo para la ganancia en función de algunas de las otras estrategias de las que hemos hablado en esta guía o mirando algunos de los gráficos disponibles.

El ORB se usará solo como una señal de entrada, pero para finalizar la operación correctamente, debe asegurarse de definir también el límite de pérdidas, la salida y la entrada adecuada.

Justo cuando abran los mercados, notará que las acciones en juego experimentarán una acción de precios muy violenta debido a todas las órdenes de compra y venta que inundan el mercado de inmediato en la mañana. Este comercio generalmente aparecerá durante los cinco minutos del día de mercado debido a la pérdida o la ganancia que se produjo para las personas que mantuvieron sus posiciones durante la noche. También habrá una gran cantidad de nuevos comerciantes e inversores que querrán ingresar al mercado y querrán hacerlo de inmediato en la mañana.

Hay algunos inversores que verán que su posición bajó durante la noche y entrarán en pánico y venderán sus acciones. También hay una gran cantidad de nuevos inversores que verán que una acción tiene un precio bajo y saltarán justo en la mañana antes de que suba el precio. Ambos determinarán el precio de las acciones y cómo se comportarán durante el día.

Como inversionista, querrá darle a este rango de apertura un mínimo de cinco minutos antes de elegir invertir. Es difícil determinar si los compradores o los vendedores ganarán en el mercado cuando hay tantos cambios en el mercado. Es mejor esperar al menos cinco minutos antes de realizar operaciones con esta estrategia, pero hay algunos operadores que esperarán hasta una hora para tener una mejor oportunidad de identificar el equilibrio de poder disponible entre los vendedores y compradores

Una vez que se realiza la apertura, el comerciante puede trabajar en su plan comercial en función de la ruptura de treinta o sesenta minutos. Hay algunos que harán marcos de tiempo aún más pequeños que este, como una ruptura de quince minutos. Cuanto más largo sea el marco de tiempo que hagas con esto, menos volatilidad podrás encontrar en el mercado y cambiará lo que estás haciendo.

Al igual que con muchas de las configuraciones con las que está trabajando, esta estrategia ORB funcionará mejor con acciones de capitalización grande o mediana, que no van a tener grandes cambios de precios a lo largo del día. No desea seguir esta estrategia cuando tiene acciones de flotación bajas. Si es posible, querrá elegir una acción que pueda negociarse dentro de un rango que sea más pequeño que el ATR, o el rango verdadero promedio, de esta acción. Podrá calcular este número observando los máximos y mínimos de sus velas japonesas.

Para trabajar con la estrategia de ruptura del rango de apertura, deberá seguir los siguientes pasos:

• Después de haber creado su lista de observación temprano en la mañana, es hora de monitorear las acciones durante al menos los primeros cinco minutos de la apertura del mercado. Debe identificar su precio de acción y el rango de apertura. Mire para ver cuántas de las acciones se negocian en ese momento y determine si la acción está subiendo o bajando. ¿Hay muchos pedidos que están pasando aquí o hay un gran volumen que solo tiene unos pocos pedidos grandes? Es importante observar la cantidad de pedidos que se envían porque esto realmente muestra cuán líquido es el stock.

• Debe asegurarse de poder determinar qué es el ATR. En este paso, desea asegurarse de que el rango de apertura sea mucho más pequeño que el ATR, así que tenga ese número a mano.

• Después de que terminen los primeros cinco minutos del mercado, es posible que observe que la acción todavía puede negociarse en ese rango de apertura por un poco más de tiempo. Sin embargo, si nota que la acción comienza a salirse del rango de apertura, es hora de ingresar a la operación. Querrá entrar en la operación yendo en la dirección de la ruptura. Querrá ir en largo para una ruptura que sea hacia arriba, y querrá ir en corto para un movimiento que sea hacia abajo.

• Querrá hacer el stop loss por debajo del VWAP para su posición larga y luego tener una ruptura por encima del VWAP para una posición corta.

• También querrá asegurarse de elegir un buen objetivo de ganancias. Primero deberá echar un vistazo a los niveles diarios a lo largo del día y luego identificarlo en el premercado. También puede mirar el cierre del día anterior y los promedios móviles que se encuentran en su gráfico diario.

• Si no hay un buen nivel técnico para su objetivo de ganancias y su salida, querrá buscar algunos signos de debilidad en la acción, si está largo. Si está haciendo una posición corta, querrá salir cuando haya una fortaleza en la acción. Por ejemplo, si el precio alcanza un nuevo mínimo, esto significa que está llegando a una debilidad y si está largo, querrá considerar vender sus acciones. Si toma una posición corta y la acción alcanza un nuevo máximo, entonces es una buena señal de una fortaleza, y es posible que desee cubrir esa posición para ayudarlo.

Este es un ejemplo para trabajar con ORB de cinco minutos, pero es posible usar las mismas ideas cuando trabaja con rupturas de rango de apertura de quince o treinta minutos dependiendo de lo que quiera hacer con el mercado.

Esta es una excelente opción que garantizará que no se deje engañar por los cambios que ocurren justo al comienzo del mercado, pero aún puede ver bien cómo irá el mercado durante el día. Asegúrese de que con el ORB, no debe operar durante los primeros cinco minutos o más de la mañana porque todo el mercado es demasiado volátil, pero aún puede usar esta información para ayudarlo a comenzar con el pie derecho y puede darle una manera de ganar mucho dinero con su estrategia comercial.

## CAPÍTULO 12: COMERCIO ROJO O VERDE

Si está buscando otra estrategia comercial fácil de trabajar, la opción de rojo a verde es una buena opción para trabajar. Este se basará en la información del cierre del día anterior para ayudarlo a determinar a dónde irá la acción y qué decisiones debe tomar.

Mientras mira esta información, si nota que el precio actual de la acción es más alto que en la estancia anterior, esto significa que el mercado se está moviendo de lo que se llama un día verde a un día rojo. Esto significa que el porcentaje que ha cambiado el precio ahora será negativo, lo que se mostrará en rojo en la mayoría de las plataformas que mire. Esto se conoce como movimiento de verde a rojo.

Por otro lado, si el precio es más bajo que el que encontró el día anterior, esto significa que el mercado está pasando de un día rojo a un día verde. Esto significa que el porcentaje de cambio del precio ahora será positivo, lo que se mostrará en color verde en la mayoría de las plataformas. Esto se considerará un movimiento de rojo a verde.

54

Descubrirá que esta será una estrategia que es más o menos la misma si está trabajando con verde a rojo y rojo a verde, excepto por la dirección en la que va la operación o si es larga o corta. Entonces, para simplificar las cosas aquí, nos quedaremos con uno de ellos y usaremos las mismas reglas para ambos.

Para resumir la estrategia que le gustaría usar con el comercio de la estrategia de rojo a verde, seguiría los siguientes pasos:

• Cuando esté creando su lista de seguimiento para el día, querrá echar un vistazo al cierre del día anterior y luego monitorear la acción del precio en ese momento.

• Si ve que la acción se está moviendo hacia donde estaba al cierre del día anterior con un volumen alto, es hora de considerar ir en largo, utilizando el objetivo de ganancias que se produjo al cierre del día anterior.

• El stop loss que utilizará será el nivel técnico más cercano. Esto significa que si compra cerca del VWAP, el stop loss será cuando haya una ruptura del VWAP. Si está comprando cerca de una media móvil o un nivel de soporte importante, querrá colocar el stop loss cerca de la ruptura del nivel de soporte o de la media móvil.

• Es una buena idea vender en el objetivo de ganancias. Si el precio termina moviéndose a su favor, es hora de considerar llevar el stop loss al punto de equilibrio y luego asegurarse de no dejar que este precio vaya en su contra. Cuando haya terminado con eso, el movimiento de rojo a verde debería comenzar a funcionar de inmediato.

Podrá utilizar un enfoque similar si desea trabajar en la estrategia de verde a rojo porque funcionan más o menos de la misma manera.

## CAPÍTULO 13: ESTRATEGIAS PROBADAS

Hasta ahora, esta guía ha dedicado bastante tiempo a hablar sobre muchas estrategias excelentes de negociación diaria con las que puede trabajar. Cada uno de ellos es una estrategia fácil que ayudará al comerciante a comenzar, siempre que pueda elegir la acción que mejor se adapte a esa estrategia. Podrá ver el éxito con cualquiera de las estrategias de las que hemos hablado hasta ahora en esta guía, pero debe conocer todos los requisitos de esa estrategia comercial y seguirla sin importar qué. Si puede hacer eso, sin cambiar entre una estrategia y otra, es más probable que vea grandes resultados en muy poco tiempo.

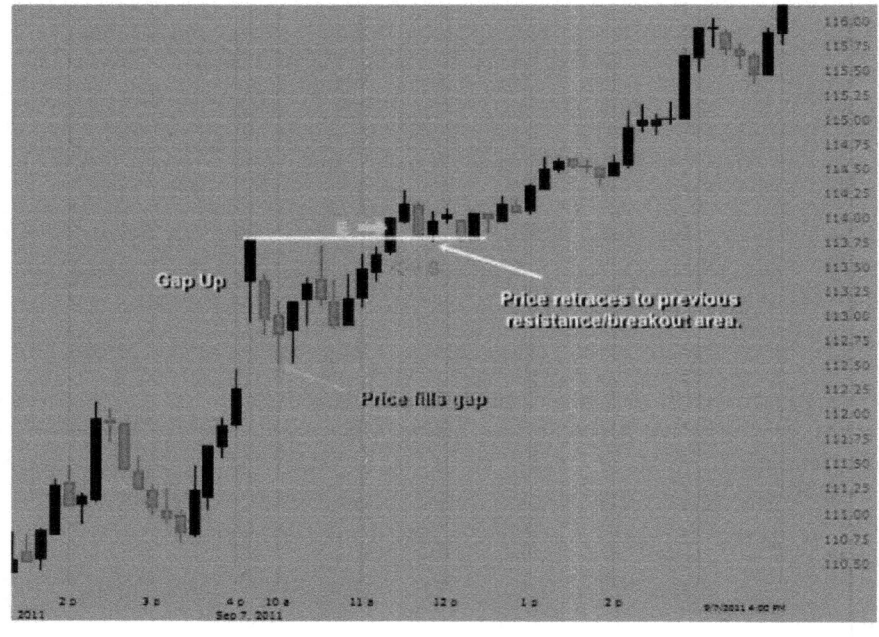

Brecha hacia arriba, barra interior, estrategia de ruptura

56

Este tipo de señal comercial comenzará con una brecha alcista. Si la segunda o tercera barra de diez minutos se convierte en una barra interna, entonces sabrá que tiene la configuración que desea.

Algunos comerciantes deciden optar por una alternativa que incluye acciones que solo tienen un gap al alza parcial, pero solo lo hacen si figuran en los primeros lugares de la lista de ganadores. Cuando hablamos de una barra que tiene un gap parcialmente al alza, estamos hablando de que la configuración tiene un gap más alto que el del cierre del día anterior, pero aún está por debajo del máximo del día anterior. Este tipo aún puede brindarle algunas buenas señales para el día, especialmente si tiene pocas acciones que tienen la brecha completa.

Con este método, es mejor ir con solo una o dos de esas barras de diez minutos desarrolladas antes de obtener la barra interna. Si hay más de estos dos, significa que el precio ya ha tenido demasiado movimiento y esta no será una configuración efectiva. Una vez que tenga esa barra interior, es hora de colocar un stop de compra justo encima del máximo que está dentro de esa barra. El desencadenante es la ruptura por encima de la barra interior.

A partir de este punto, esperará para encontrar cuándo la señal comercial lo deja en largo. Luego, si tiene la parada en su lugar, es hora de pensar dónde y cómo quiere salir de la operación. Si se alcanza su stop en esta operación, simplemente lo contará como una pérdida, saldrá de la operación y luego pasará a probar otra cosa.

# Brecha, intento de llenar, ruptura

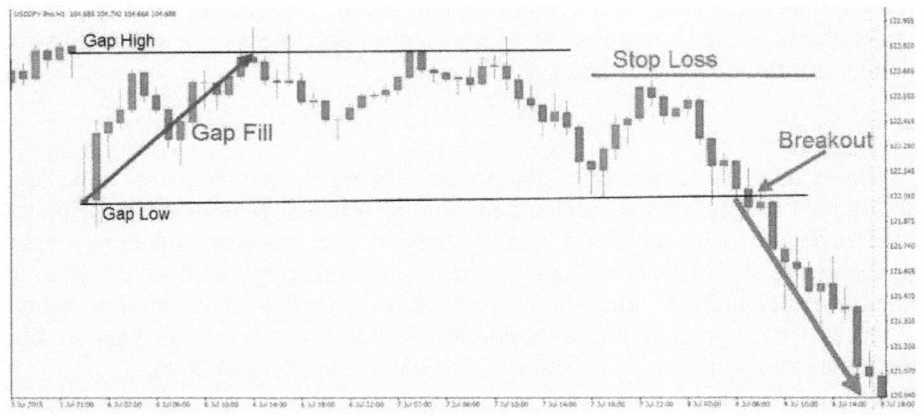

Esta es una gran estrategia para principiantes porque es muy simple y usa mucho sentido común para ayudar a hacer el trabajo. Como sugiere el nombre, buscará una acción que haya subido y que luego esté tratando de llenar este vacío. Si la acción puede llenar este vacío hasta el máximo del día anterior o puede llegar al cierre del día anterior, o solo puede llenarlo parcialmente, no importa mucho. Lo importante con esta estrategia es que el mercado está tratando de llenar ese vacío, al menos un poco.

Para que esto funcione, debe tener el precio por debajo de su primera barra de diez minutos. En este método, no es bueno ver que la primera barra llena el espacio. Un intento gradual de llenar este vacío después de la primera barra es mejor porque muestra que el precio va en la dirección correcta, pero no demasiado rápido.

Cuando la acción comienza a subir y luego trabaja para cerrar esa brecha, esto significa que podrá encontrar una buena cantidad de comerciantes que están cortos y que sienten que la acción seguirá bajando. Cuando esta acción dé la vuelta y se mueva hacia el rango de su barra de diez minutos, habrá algunos de estos operadores que los dejarán en una posición que no es la mejor. Es posible que ya hayan perdido todas las ganancias que obtuvieron, y están tratando de decidir si la parada que eligieron terminará generando dinero o no.

58

En este punto, entrará la ruptura. Esta ruptura será rápida y ocurrirá a un volumen superior al promedio. Los comerciantes que terminan quedando cortos no serán detenidos, y algunos de ellos volverán a ingresar al mercado con una posición larga, lo que ayuda aún más a esta ruptura.

**Gainer o gap up, ruptura de la tarde**

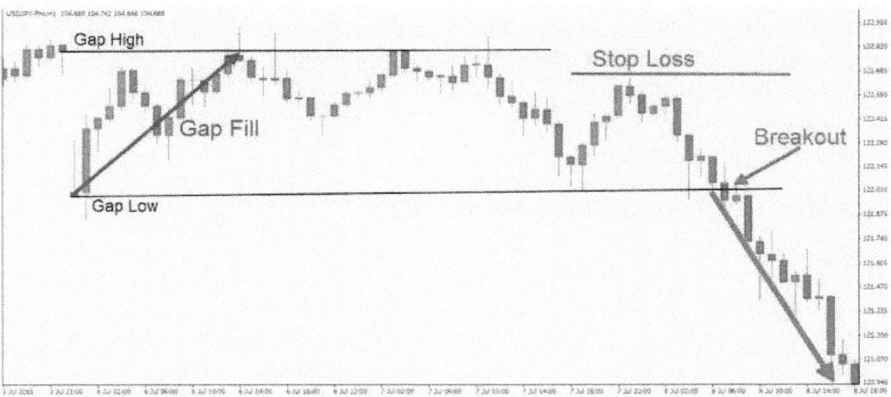

Esta es otra opción simple que puede elegir. Al igual que con algunas de las otras estrategias, escaneará el ganador y la brecha, excepto que lo hará a última hora de la mañana o temprano en la tarde. Con este escaneo, buscará algunos patrones simples, específicamente el tipo de patrones de base y consolidación. Desea poder encontrar un fuerte aumento en el precio a lo largo de la mañana, y luego el precio debe poder establecerse en un período menos volátil más tarde en la mañana.

A menudo, las acciones que tienen un rendimiento realmente fuerte en la mañana con un volumen superior al promedio a menudo alcanzan un máximo que es un poco más que el promedio antes de asentarse lentamente y simplemente relajarse un poco. Puede parecer que no van a ninguna parte y este es el tipo de acciones que está buscando. Si ve que la acción está regresando poco a poco a la resistencia, es hora de poner su orden de stop de compra y esperar la ruptura que podría llegar.

Por supuesto, con este método, hay algunas acciones que no llegarán a la línea de salida. Esto no es un gran problema porque siempre puede cambiar más tarde e intentarlo nuevamente con otro valor. Sin embargo, habrá algunas acciones que explotarán rápidamente y pueden ayudarlo a ganar mucho dinero en un corto período de tiempo.

Si ha estado trabajando con el comercio durante algún tiempo, entonces esta es una estrategia que puede haber visto en el pasado, y es posible que no piense que funcionará tan bien para usted. Pero no siempre es necesario tener una fórmula o estrategia complicada para ganar dinero con el comercio diario. A veces, las opciones simples, como esta estrategia, serán suficientes para ayudarlo a obtener algunos resultados.

## Patrón de retroceso de Fibonacci

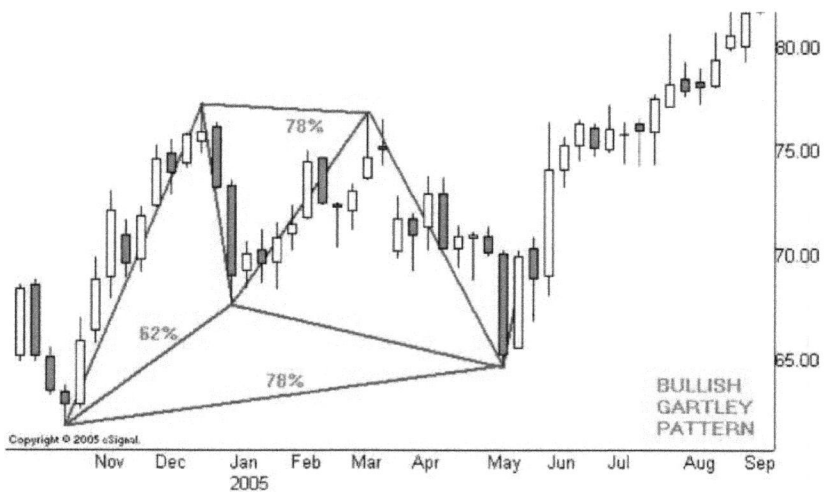

Aquí vamos a echar un vistazo a un gráfico de treinta minutos. En este gráfico, querrá buscar algunas acciones que hayan alcanzado un máximo más alto que el de los dos días anteriores. Desea tener un cruce de 15 sma por encima del 35 sma en ese día. Lo que está buscando es el precio para darle un retroceso de 38 a 62

60

por ciento a la mañana siguiente. Reconocerá esta parte mirando el gráfico de 30 minutos y viendo si hay un patrón de U o M invertida.

Una vez que el precio retroceda a este nivel de retroceso a la mañana siguiente, querrá buscar el precio para formar una barra ascendente en su histograma MACD. Recuerde que los números no necesitan ser perfectos. Mantenerse cerca del 38 y el 62 por ciento es un buen indicador, pero si va un poco por debajo o por encima de estos números, estará bien. El punto principal aquí es que está esperando ver un buen retroceso con un movimiento de regreso hacia donde vino el movimiento de impulso. Una vez que pueda encontrar este tipo de configuración en su gráfico, es hora de tener un disparador de ruptura en su gráfico de diez minutos.

En este momento, querrá cambiar a su gráfico de diez minutos. Mientras mira esto, querrá esperar a que se rompa el máximo de su barra de treinta minutos que se formó con esta configuración. Luego podrá ingresar al mercado y esperar a que se produzca la ruptura y obtener ganancias.

## Brecha hacia abajo, llenar brecha, barra interior, ruptura

Para algunas personas, puede parecer una mala idea comprar una acción que tiene una brecha a la baja, pero si estas acciones cumplen con algunos criterios específicos, una acción de compresión corta puede ayudar a hacer subir estas acciones durante el día y puede ayudarlo a hacer una ganancia.

Esta opción es más fácil de lo que parece. Querrá sacar a relucir sus gráficos de diez minutos. Si ve que una acción tiene una brecha que llena la brecha y luego la segunda o la tercera barra de diez minutos se forma como su barra interna, sabe que tiene una configuración con la que puede trabajar. Querrá colocar su stop de compra por encima del máximo de esta barra interior en particular. El desencadenante para realizar una compra es cuando se produce una ruptura por encima del máximo de esa barra interna. Puede colocar la orden de detención por debajo del mínimo de la barra interior, o puede elegir otra área para que sus pérdidas sean lo más bajas posible.

**Algunos otros métodos para usar**

Pero todavía hay muchas otras estrategias que podrá utilizar para ver resultados. Podrá utilizarlos en muchos casos según el tipo con el que se sienta más cómodo y las acciones disponibles en el mercado. Algunas de las otras estrategias comerciales que puede elegir incluyen:

• Negociación de noticias: aquí es donde pasará algún tiempo siguiendo las noticias para ver qué está pasando en el mercado. Cada vez que hay un evento noticioso importante, encontrará que puede afectar el mercado de valores. Por supuesto, usted quiere realmente mirar las noticias; si la noticia es primera plana, ya es demasiado tarde el precio de la acción ya está subiendo. Sin embargo, a medida que se acostumbre a leer las noticias y buscar las pistas correctas, podrá ver cuándo está a punto de ocurrir una tendencia importante y luego podrá comprar o vender sus acciones en función de lo que más le beneficie.

• Comercio de rango: esta es una estrategia que puede usar mucho cuando tiene el tiempo y la paciencia para hacer una investigación en profundidad. Con este, seguirá una acción durante algún tiempo y luego averiguará cuál es el rango alto y bajo normal de esa acción durante el día. Luego, se aseguraría de realizar sus transacciones dentro de estos límites.

• Comercio de pares: como puedes adivinar, esta estrategia necesitará que trabajes en pares. Elegirá una categoría en la que desea negociar, y luego irá corto en la acción que se considera débil y luego largo en la acción que se considera fuerte. Cuando realiza estas operaciones al mismo tiempo, se considera más fácil obtener ganancias en el proceso.

• Negociación contraria: anteriormente hablamos de una estrategia en la que se iban a realizar las mismas acciones del mercado. Si el mercado estaba subiendo, ibas a hacer una compra, y si el mercado estaba bajando, venderías tus acciones. Con esta estrategia, operará contra lo que sugiere el mercado. Entonces, cuando el mercado suba, venderá sus acciones, y cuando el mercado baje, obtendrá una ganancia. Este es difícil de aceptar para algunos comerciantes de día porque va en contra de lo que están acostumbrados con el comercio, pero puede funcionar si se hace correctamente.

• Patrones de gráficos: otra herramienta que puede ser muy útil cuando se opera en el día es el patrón de gráficos. Es una buena opción cuando desea poder encontrar sus puntos de entrada y salida en la inversión. Si utiliza algunos indicadores técnicos como el índice de canal de productos básicos, el índice de fuerza relativa o la tasa de cambio, podrá mejorar la confiabilidad de estos patrones gráficos. Puede obtener un patrón de gráfico de una variedad de herramientas, incluso desde su propia plataforma, para ayudarlo a descubrir esta información. Solo necesitaría poner la información en el gráfico para obtener parte de la información que necesita.

• Indicadores técnicos: si le gusta tener mucha información antes de tomar sus decisiones con el comercio diario, entonces los indicadores técnicos serán la mejor opción para usted. Estos indicadores técnicos serán importantes para los comerciantes diarios porque pueden ayudar a mostrar tendencias en el mercado que pueden ser difíciles de ver por sí solos. Observar estos indicadores y asegurarse de que puede interpretarlos de la manera adecuada garantizará que pueda obtener ganancias.

Como puede ver, hay muchas estrategias comerciales diferentes. Muchos comerciantes han trabajado a lo largo de los años para crear estrategias que puedan ayudarlos a obtener ganancias con sus acciones, y con todos los diferentes tipos de acciones disponibles, seguramente encontrará una que funcione con la estrategia que usted desearía. preferir. Como principiante, depende de usted aprender un poco más sobre estas estrategias y luego elegir la que le gustaría usar. Con la estrategia correcta y las acciones correctas, podrá obtener una buena ganancia en muy poco tiempo con el comercio diario.

# CAPÍTULO 14: CREA TU ESTRATEGIA DE INICIO

A medida que comience a involucrarse más en el comercio diario, puede decidir desarrollar su propia estrategia. Existen muchas estrategias comerciales excelentes, y hemos discutido algunas de ellas hasta ahora, pero puede haber algunas condiciones del mercado u otras situaciones en las que necesite poder desarrollar su propia estrategia. O, después de probar algunas cosas diferentes, termina encontrando una nueva estrategia, o una combinación de estrategias, que termina funcionando mejor.

Con el tiempo, es importante que encuentre su propio lugar dentro del mercado. A medida que avanza, es posible que incluso descubra que preferiría ser más como un comerciante swing en lugar de un comerciante de día solo debido a los diferentes métodos disponibles. La buena noticia es que existe un mercado para cualquier tipo de comerciante, y hay un millón de tipos de estrategias que puede usar en función de sus preferencias personales en el camino.

Antes de saltar al mercado como principiante con su propia estrategia comercial, es importante que comience eligiendo una de las estrategias que se encuentran en esta guía (u otra estrategia comprobada que haya investigado). Debe tener algo de tiempo para probar una estrategia y recorrer un poco el mercado antes de comenzar a idear su propia estrategia. Incluso si ha invertido antes en el mercado de valores, descubrirá que trabajar con operaciones diarias es completamente diferente en comparación con algunos de los otros métodos disponibles, y no querrá elegir una estrategia que pueda haber funcionado con una de sus otras operaciones. , pero te hará fallar miserablemente con el comercio diario.

Se trata de pasar algún tiempo en el mercado y familiarizarse con el mercado. Querrá familiarizarse con el funcionamiento del mercado de transacciones diarias, cómo reconocer buenas acciones, etc., antes de elaborar una buena estrategia que pueda ayudarlo. Después de pasar un tiempo en el mercado, trabajando con una o dos estrategias que le gusten, podrá aprender los patrones que le gustan y qué debe tener en cuenta, y se vuelve mucho más fácil hacer una estrategia que realmente funcione. .

Pero no importa dónde se encuentre como comerciante, es muy importante que cada comerciante tenga una estrategia de algún tipo para ayudarlo a comenzar. Es muy fácil para los principiantes elegir una acción y luego comenzar a operar, sin tener un plan establecido. Esto es algo peligroso para trabajar. Prácticamente deja las decisiones en manos de sus emociones, y todos sabemos lo peligroso que puede ser esto cuando recién comienza. Nunca debe dejar sus operaciones en manos de las emociones; esto hará que permanezca demasiado tiempo en el mercado o que abandone el mercado demasiado pronto, y terminará perdiendo dinero.

Además, debe elegir una estrategia, ya sea una de esta guía o una que inventó usted mismo, y luego debe apegarse a esa estrategia. Aprenda todas las reglas que van con esa estrategia, cómo hacer que esa estrategia funcione para usted y exactamente cómo debe comportarse en diferentes momentos en el mercado con esa estrategia. Incluso si termina llevándolo a una mala operación (recuerde que cualquier tipo de estrategia e incluso los mejores operadores terminarán con una mala operación en ocasiones), se mantendrá firme hasta que se complete la operación. Siempre puede cambiar de estrategia entre operaciones, pero nunca es una buena idea cambiar su estrategia una vez que ya está en el mercado.

Cambiar de estrategia puede parecer tentador cuando eres un principiante en el mercado. Es posible que vea que las cosas van mal o puede darse cuenta una vez que esté en el mercado que debería haber hecho una estrategia diferente desde el principio. Pero a medida que revisa algunas de las estrategias que se encuentran en esta guía, probablemente notará que son un poco diferentes y que necesitan algunos requisitos diferentes antes de que pueda entrar y salir de la operación. El cambio en el medio no funcionará y conducirá a una pérdida automática.

Lo más importante que puede recordar cuando se convierte en un comerciante de día es que todos los comerciantes fallarán en algún momento. Muchos principiantes fallarán porque no se toman el tiempo para aprender cómo operar correctamente en el día o dejan que sus emociones se interpongan en el camino para tomar decisiones inteligentes. Pero incluso los comerciantes avanzados tendrán momentos en los que fallarán y también perderán dinero. El mercado no siempre es lo más fiable del mundo. Incluso cuando esté acostumbrado a leer los gráficos y observar el mercado, habrá momentos en los que no actúe como se esperaba y el operador saldrá perdiendo. O el comerciante avanzado puede optar por probar una nueva estrategia, y no funciona tan bien para ellos.

Habrá momentos en los que perderá dinero, y esto puede ser difícil de manejar para muchos principiantes. Esta es también la razón por la que debe considerar cuánto puede permitirse perder en una operación antes de ingresar al mercado. No desea hacer todo lo posible en su primera operación porque es probable que falle y pierda ese dinero o tal vez más dependiendo de la operación.

Si le preocupa comenzar en el mercado o quiere perder el tiempo y probar algunas de las estrategias con anticipación para ver cómo funcionan, especialmente si está utilizando una de sus propias estrategias, entonces debería considerar trabajar con un simulador A veces, podrá obtener uno de estos de su corredor para probar y experimentar con el mercado y, a veces, es posible que tenga que pagar un poco desde otro sitio para usar este simulador. Sin embargo, esta puede ser una herramienta valiosa que lo ayudará a probar diferentes cosas, realizar cambios y familiarizarse un poco con el mercado antes de invertir su dinero real. Como principiante, si tiene acceso a uno de estos simuladores, definitivamente vale la pena probarlo.

**Elegir su operación en función de la hora del día**

Antes de continuar, veremos qué tipos de estrategias parecen funcionar mejor en diferentes momentos del día. A medida que ingrese al mercado, notará que cada período de tiempo del día será diferente y que hay algunos patrones que parecen aparecer con el tiempo. Trabajaremos con tres momentos del día, el abierto, el mediodía y el cierre. Si desea tener éxito con el comercio diario, no es una buena idea utilizar la misma estrategia en los tres momentos del día porque estas estrategias no tendrán éxito en todos los momentos del día. Los mejores comerciantes averiguarán a qué hora del día obtienen las operaciones más rentables y luego harán algunos ajustes a sus estrategias y sus operaciones para adaptarse a estos tiempos rentables.

Primero, hablemos del abierto. Este lapso de tiempo tendrá una duración de aproximadamente una hora y media, comenzando a las 9:30 de la mañana en el horario de Nueva York. Este es un momento ocupado del día porque las personas se están uniendo al mercado por primera vez o están haciendo ajustes en función de cómo se comportaron sus acciones durante la noche. Debido a que este tiempo está tan ocupado, también puede ser un período de tiempo realmente rentable si juegas bien. Es una buena idea aumentar el tamaño de sus operaciones durante este tiempo y hacer más porque es más probable que gane un buen dinero durante este tiempo. Las mejores estrategias para usar durante la apertura serán las operaciones VWAP y Bull Flag Momentum.

La próxima sesión es la sesión del mediodía, y comenzará a las 11 de la mañana y durará unas cuatro horas. Este es un momento lento en el mercado y se considera uno de los momentos más peligrosos para operar durante el día. No va a haber mucha liquidez o volumen en el mercado. Incluso una orden más pequeña hará que las acciones se muevan un poco durante este tiempo, por lo que realmente necesita vigilar el mercado si se está aferrando a sus acciones. Es más probable que lo detengan con movimientos inesperados y extraños durante este período.

Es común que muchos traders, tanto los principiantes como los más avanzados, tengan muchos problemas durante el mediodía. Muchos deciden que no es la mejor idea trabajar en el mercado durante este tiempo. Pero si decide operar, es importante mantener las paradas ajustadas y también reducir el tamaño de sus acciones. También debe ser muy exigente con la relación de riesgo y recompensa durante este tiempo. Descubrirá que los nuevos comerciantes a menudo harán sus transacciones excesivas durante este tiempo, y puede ser mejor simplemente evitar el comercio durante este período de tiempo por completo.

Si decide operar durante el mediodía, es mejor observar las acciones lo más de cerca posible, preparar algunas cosas para el cierre y siempre tener mucho cuidado con las decisiones comerciales que intente tomar. Encontrará que las operaciones de soporte o resistencia, el promedio móvil, VWAP y las estrategias de reversión funcionan bien durante el mediodía.

Y por último, está el cierre, que empieza a las 3 de la tarde y dura alrededor de una hora. Estas acciones se consideran más direccionales, por lo que es mejor quedarse con las que están subiendo o bajando durante esta última hora. Es posible aumentar el tamaño del nivel en comparación con lo que era al mediodía, pero no querrás llegar tan alto como cuando estaba abierto. Descubrirá que los precios al cierre a menudo reflejarán lo que los comerciantes de Wall Street creen que es el valor de las acciones. Estos comerciantes se han mantenido fuera del mercado durante el día, pero han estado observando de cerca las cosas para poder entrar y dominar lo que sucede durante la última parte de la negociación.

También es común ver que muchos profesionales del mercado venderán sus acciones en este momento y tomarán las ganancias porque no quieren retener las operaciones de la noche a la mañana. Como comerciante de día, usted será uno de estos profesionales porque necesita vender todas sus acciones en el mismo día para ser un comerciante de día.

Si nota que la acción comienza a subir durante esta última hora, significa que los profesionales se consideran alcistas en esa acción. Sin embargo, si ve que la acción comienza a moverse a la baja en esa última hora, significa que los profesionales del mercado se consideran bajistas. Es mejor durante esta última hora trabajar con oficios que vayan con estos profesionales, en lugar de hacer oficios que vayan en su contra. Cuando decida operar en la hora de cierre, querrá utilizar las operaciones de media móvil, las operaciones de soporte y resistencia o VWAP para obtener los mejores resultados.

Como operador principiante, es posible que obtenga ganancias durante la apertura y luego termine con muchas pérdidas durante el resto del día. No querrás ser uno de ellos porque esto puede acabar con todas las ganancias que obtuviste anteriormente. Una buena regla general que puede seguir para mantener las cosas conservadoras con sus pérdidas es que nunca debe perder más del 30 por ciento de lo que hizo al aire libre durante el resto del día. Si alcanza ese 30 por ciento, dejará de operar durante el día para proteger sus activos.

## CAPÍTULO 15: ESTRATEGIAS COMERCIALES EXITOSAS

Ahora que nos hemos tomado un tiempo para ver las diversas partes del comercio diario y algunas de las buenas estrategias que puede usar, es hora de ver exactamente cómo hacer el comercio. Este capítulo le mostrará todos los pasos, de principio a fin, que puede utilizar para aprovechar al máximo sus operaciones. Utilizará algunas de las cosas que hemos discutido anteriormente en esta guía y las reunirá todas para dar los mejores resultados. Entonces, echemos un vistazo a los diferentes pasos que debe seguir para completar una operación exitosa.

**Cree su lista de seguimiento**

Lo primero que debe hacer cuando se levanta por la mañana es trabajar en una lista de vigilancia. Esto lo ayudará a limitar algunas de las diferentes opciones que tiene disponibles para el comercio diario a solo las que le interesa usar.

Una buena manera de crear esta lista de observación es usar su escáner. Hablamos de esto un poco antes, pero tener un buen escáner puede marcar una gran diferencia cuando se trata de elegir las acciones correctas. Puede poner algunos de los requisitos que está buscando cuando se trata de una acción, y le avisará cuando una de estas opciones esté disponible.

Por supuesto, no desea seleccionar solo las acciones que aparecen en su escáner. Este es un buen lugar para comenzar, pero debe echar un vistazo a estas acciones y asegurarse de que se ajusten a sus necesidades. Algunos valdrán la pena y otros no lo harán tan bien. Debe tener el control de su inversión, por lo que, si bien el escáner puede brindarle un buen comienzo en su lista de vigilancia, debe tomar las riendas y elegir lo que es mejor.

### Decidir qué acciones se ven mejor

Después de haber tenido algo de tiempo para hacer una lista de seguimiento y verificar todos nuestros criterios para las acciones, es hora de decidir cuál se ve mejor. Es posible que tenga una estrategia específica con la que quiera ir, por lo que elige una acción que vaya mejor con esa, o puede tener algún otro método.

Una cosa para recordar con esto es que no debe operar durante al menos los primeros cinco minutos de la apertura y algunas personas esperan incluso un poco más que esto. Hay mucha conmoción en esa primera apertura. Los nuevos inversores que están emocionados de ingresar al mercado harán sus compras en ese momento, y otros comerciantes pueden comprar o vender en función de cómo les fue a sus acciones durante la noche. Es realmente difícil predecir hacia dónde irá el mercado justo en la apertura.

Una vez que finalice la sesión de apertura, podrá pasar y seleccionar las acciones que desea utilizar. La conmoción que se produce durante la primera parte de la apertura ayudará a determinar cómo transcurre el resto del día, pero no querrás quedar atrapado en ella, ya que las cosas son un poco desordenadas durante ese tiempo.

## Establece tu estrategia de entrada y salida

Antes de realizar una compra, debe asegurarse de haber elegido todas las estrategias. Primero, necesitas tener una estrategia de entrada. Este es el punto en el que se sentirá cómodo comprando las acciones. Desea mantener esto lo más bajo posible porque eso ayuda a reducir su riesgo y puede garantizar ganancias más fácilmente que un precio más alto. Debería mirar algunos de los gráficos que discutimos para ver cuál será el buen precio para las acciones ese día.

También es necesario idear una estrategia de salida. Es importante tener una parada para perder dinero y otra para ganar dinero. Primero, veamos la parada por perder dinero. Hay momentos en los que las estrategias que elige o las decisiones que toma no van a resultar como usted quería, y la acción puede comenzar a perder dinero. El objetivo de esta parada es asegurarse de que puede controlar cuánto dinero perderá en el proceso. Una vez que las acciones terminen alcanzando este número, se retirará del mercado, sin importar lo que hagan las acciones más adelante.

Sin esta parada, podría terminar con algunos problemas. Muchos nuevos comerciantes ven que las acciones están bajando y siguen aguantando. Esperan que el mercado cambie. A veces, el mercado cambiará, pero luego hay momentos en que el mercado se mantendrá bajo o seguirá bajando. Y sin una parada, podrías quedarte sin un montón de dinero. Dependiendo de cuán lejos llegue el mercado, es posible que tampoco pueda cubrir las pérdidas. Es mucho mejor tener esa parada en su lugar y luego salir del mercado con una pérdida cómoda en lugar de dejar que las cosas se salgan de control. Siempre puede volver al mercado más adelante si las cosas comienzan a mejorar.

También necesita tener una parada de ganancias. Esto puede parecer un poco tonto porque, por supuesto, desea poder obtener la mayor cantidad de ganancias posible. Pero el mercado de transacciones diarias está por todas partes y es difícil de predecir. Sí, el mercado puede ir muy por encima de lo que tiene como tope de ganancias, pero puede bajar con la misma rapidez. Esta parada está ahí para protegerlo contra esas caídas repentinas que pueden quitarle todas sus ganancias. Puede perder un poco de ganancia en el proceso, pero asegura que no perderá todo.

**Compra tus acciones**

Después de tomarse un tiempo para crear una lista de observación de acciones y haber decidido cuál es la mejor, es hora de hacer la compra. Asegúrese de utilizar algunos de los criterios que discutimos anteriormente en esta guía para elegir las acciones correctas y determinar cuántas de cada acción le gustaría comprar.

Si está trabajando con un corredor, simplemente deberá enviarle una orden para comenzar. Esta orden incluirá información como qué acciones desea comprar, cuántas acciones desea comprar, cuánto desea gastar en las acciones y luego sus puntos de salida para obtener ganancias y evitar pérdidas. Su corredor podrá obtener esta información en el sistema por usted y se encargará de gran parte del trabajo.

Algunos comerciantes eligen hacer parte del trabajo por su cuenta, y eso también está bien. Asegúrate de tener una buena plataforma que te permita hacer todo esto rápidamente. Si la plataforma es lenta o se comete un error, realmente podría arruinar todo su día en términos de cuánto puede ganar.

**mira el mercado**

El comercio diario es muy diferente a otros tipos de comercio de acciones. Es posible que esté acostumbrado a escuchar sobre el comercio de acciones a largo plazo en el que pondría el dinero y luego lo dejaría allí durante muchos años, tal vez para la jubilación u otra cosa. Esto puede ser exitoso para algunas personas, pero cuando se trata de transacciones diarias, se le pedirá que tome decisiones rápidamente y que compre y venda sus acciones en el mismo día. ¿Cómo espera hacer esto si no está observando lo que hace el mercado?

El mercado es bastante estable en su mayor parte si se mira a largo plazo. La mayoría de las acciones experimentarán algunas pequeñas fluctuaciones y caídas, pero en su mayor parte, las buenas acciones mantendrán un patrón constante al alza. Sin embargo, si observa las tendencias diarias de estas acciones, verá que hay muchos movimientos hacia arriba y hacia abajo a lo largo del día. Esto es bastante normal para una acción y es cómo un comerciante de día puede ganar dinero tan rápido.

Es su trabajo como comerciante diario observar estos altibajos diarios. Esto lo ayudará a determinar qué acciones comprar en primer lugar y puede ayudarlo a determinar el mejor momento para vender sus acciones y obtener una buena ganancia. Cuando esté observando estas acciones, podrá determinar mejor cuándo ocurrirá una recesión y podrá sacar su dinero de allí antes de perderlo todo. Una vez que ponga su dinero en el mercado, asegúrese de estar observando constantemente la acción para ver si se comporta de la manera que espera.

**Vender las acciones en los puntos predeterminados**

Anteriormente, se suponía que debía configurar sus estrategias de entrada y salida. Estos son números importantes porque lo ayudan a reducir algunos de los riesgos con los que está lidiando y le asegurarán que no perderá más dinero del que se siente cómodo. Es muy importante, independientemente de lo que esté haciendo el mercado en ese momento, que siga estos puntos de entrada y salida. Si los ignora, probablemente obtendrá una gran pérdida en los libros.

Es una buena idea escuchar su punto de salida no solo cuando el mercado está bajando, sino también cuando el mercado está subiendo. Algunas personas entienden por qué deberían seguir la estrategia de salida cuando el mercado está bajando; no quieren terminar perdiendo demasiado dinero en el mercado. Pero es un poco más difícil para ellos cuando el mercado está subiendo. Es posible que hayan puesto un límite a la cantidad de ganancias que querían obtener, pero luego ven que el mercado sigue subiendo y no quieren salir en ese momento.

Si bien puede ser difícil, asegúrese de escuchar su estrategia de salida, incluso cuando el mercado está subiendo. Claro, el mercado puede pasar ese punto, pero luego puede caer bruscamente y podría perder todas esas ganancias. Este es otro método para garantizar que su inversión se mantenga segura. Si el mercado sigue funcionando bien y sigue subiendo, podrá volver a entrar más adelante.

**Reflexiona sobre lo que hiciste bien o mal**

Una vez que haya terminado con una operación, ya sea que haya obtenido una ganancia o haya perdido algo de dinero, es una buena idea tomarse unos minutos para pensar cómo fue la transacción. Siempre hay cosas que puede aprender en el camino, y es una buena idea reflexionar sobre ellas antes de pasar a su próxima operación. Además, esto evitará que salte de una operación a otra demasiado rápido y tome decisiones precipitadas.

Una de las mejores cosas que puede hacer es escribir esta información. Esto puede tomar un poco más de tiempo, pero la información adicional que tendrá a su disposición valdrá la pena. Con el tiempo, podrá anotar una gran cantidad de información sobre sus esfuerzos comerciales, y podrá usar esa información más adelante si se queda atascado sobre qué hacer en una operación en particular. Nunca podrá recordar todas las operaciones que realizará con el comercio diario y no hay nada mejor que la experiencia real, así que tómese un tiempo para reflexionar sobre las diferentes cosas que hizo en cada operación (o al menos después de la mayoría). trades) para que siempre puedas tener esa información lista.

**Empezar con otra operación**

Si hay suficiente tiempo durante el día, por ejemplo, si realizó una operación rápida durante la apertura del día, continúe y siga estos pasos nuevamente. El comercio diario se trata de hacer muchas operaciones rápidas durante todo el día y, dado que muchas de ellas se pueden hacer en solo unos minutos, o tal vez en una hora o menos, tiene mucho tiempo para hacer más de una operación en el mismo día. si quieres. Solo asegúrese de revisar las opciones, seguir los pasos anteriores y seguir tomando las mismas precauciones más adelante en el día que tomó cuando comenzó.

Sin embargo, una cosa a tener en cuenta es que si tuvo una acción realmente mala por la mañana, una que no salió como esperaba, podría ser una buena idea permanecer fuera del mercado por el resto del día y simplemente practicar un poco. Esto es especialmente cierto cuando recién comienzas como principiante. Esas pérdidas pueden golpearlo duramente, y es posible que sus emociones tomen el control, sin siquiera darse cuenta.

Hay muchos comerciantes que terminan en problemas porque entraron en una segunda operación demasiado rápido. Es posible que hayan estado molestos porque perdieron todo ese dinero, y ahora están tomando decisiones no basadas en hechos y su investigación, sino que están tomando decisiones basadas en sus emociones y la idea de que quieren recuperar ese dinero. Esto lo lleva a tomar decisiones precipitadas y terminará perdiendo aún más dinero en el proceso. Si ocurre una de esas grandes pérdidas, simplemente tome un descanso por el día y tómese un tiempo para pensar con claridad. Siempre puede volver al mercado al día siguiente.

Empezar a operar en el día puede ser un momento emocionante. Le permite hacer una buena inversión y conocer realmente el mercado de una manera que ni siquiera otros inversores del mercado de valores conocen. Cuando esté listo para comenzar con el comercio diario y quiera asegurarse de que sus acciones sean rentables, asegúrese de seguir los pasos de este capítulo y del resto de la guía para ayudarlo a comenzar.

## CAPÍTULO 16: CONSEJOS Y TRUCOS PARA OPERAR EN EL DÍA

Cuando esté listo para comenzar con el comercio diario, es importante que esté preparado. Esta no es una opción de inversión que tiene mucho espacio para errores en el camino. Tienes que hacer tus compras y tus ventas todo en un día, y eso significa mucho pensamiento rápido en el camino. Cuando esté listo para comenzar como comerciante diario, aquí hay algunos consejos y trucos que puede seguir para tener éxito con tantas operaciones como sea posible con el comercio diario.

**Elija las acciones correctas**

Recuerde que si bien es importante administrar sus riesgos y elegir una buena estrategia, también debe asegurarse de elegir las acciones correctas. Hay miles de acciones disponibles en el mercado para que elija, pero no todas funcionarán para el comercio diario. Y el hecho de que le haya ido bien con una acción en un día no significa que tendrá éxito el día siguiente o más adelante.

Hay algunas cosas que puede hacer para elegir la acción que sea mejor para usted. Lo primero que debe hacer es elegir la estrategia que le gustaría usar; esto a menudo le ayudará a elegir una buena acción. Luego puede usar un escáner para ayudarlo a encontrar acciones que coincidan con sus requisitos. Debe echar un vistazo a cada papel antes de realizar la compra, sin importar cuánto coincida con el escáner, así que asegúrese de que coincida con el tipo de papel que está buscando.

No importa qué tan buena sea la estrategia que elija o cuánto trabaje para administrar su riesgo, si no se toma el tiempo para elegir una buena acción, fracasará con el comercio diario. Siempre investigue para asegurarse de obtener las acciones perfectas para aumentar sus ganancias.

## Sigue con tu estrategia

Como comerciante de día, hay muchas estrategias excelentes entre las que puede elegir para ver el éxito. Hablamos de algunos de ellos en esta guía, e incluso puede combinar algunos para ayudar a crear su propia estrategia. Siempre que aprenda qué acciones hacer con qué estrategias y realmente aprenda cómo hacer que cada una de las estrategias funcione correctamente, encontrará que cualquiera de ellas tiene buenas posibilidades de éxito.

El mayor problema que surge con esto es que terminas cambiando tu estrategia en medio de una operación. Cada estrategia es diferente y combinarlas justo en el medio de su operación generará problemas y probablemente hará que pierda dinero en el camino.

Está bien cambiar de estrategia entre operaciones, pero cuando estás en medio de una operación, debes mantener la operación que elegiste originalmente. No importa si esa operación no está funcionando como le gustaría o si está perdiendo dinero. Siga con esa estrategia hasta que finalice la operación y luego aprenda de sus errores si las cosas no salen como le gustaría.

## Mantén las emociones fuera

Una de las cosas más importantes que puede hacer cuando ingresa al comercio diario es asegurarse de que sus emociones permanezcan fuera del juego. Tan pronto como dejes que esas emociones entren en el juego, se harán cargo y seguramente perderás cualquier beneficio en el camino.

Cuando permite que sus emociones comiencen a entrar en juego, básicamente está perdiendo todo su control para tomar decisiones inteligentes. Nadie puede tomar buenas decisiones cuando las emociones están involucradas, y con todo el estrés y los problemas que pueden surgir con el comercio diario, esas emociones llegarán a algunos extremos con bastante rapidez. Es por eso que es tan importante analizar y elegir una estrategia ganadora y apegarse a ella. Esto mantendrá las emociones a raya y podrá tomar decisiones con anticipación, antes de que entren en juego las emociones de estar en el mercado.

Si está en un comercio y descubre que sus emociones comienzan a interponerse en su camino, es hora de hacer algunos cambios. En algunos casos, podrá ceñirse a sus puntos de parada y estar seguro durante el resto de la operación. Pero si ya pasó y dejó atrás los puntos de parada, es hora de abandonar el comercio, sin importar a dónde se dirija, y reiniciar. Es posible que incluso necesite tomarse un poco de tiempo libre de las operaciones diarias, especialmente después de una operación que no funcionó tan bien, para que pueda reagruparse y volver al pensamiento crítico.

**Cree los puntos de parada correctos**

Los puntos de parada con los que trabaje marcarán una gran diferencia en lo bien que funcionará su estrategia. Debe tener un punto de parada para sus ganancias y para sus pérdidas, y debe decidir estos puntos de parada incluso antes de ingresar al mercado. Esto ayuda a mantener la emoción fuera del juego y asegura que podrá tomar decisiones inteligentes en lugar de quedar atrapado en todo el calor del momento.

El primer punto de parada que debe considerar es el punto de parada de pérdida. Este será el punto más bajo del intercambio, el punto en el que simplemente reducirá sus pérdidas y saldrá del mercado. No importa hacia dónde se dirija el mercado después de este punto, debe salir del mercado tan pronto como las acciones lleguen a este punto y asumir las pérdidas. Al decidir sobre este punto, debe elegir un punto que no sea inferior al punto más bajo de la acción en los últimos tiempos. También debe elegir un punto de parada bajo que solo le hará perder una cantidad con la que se sienta cómodo, o agregará más riesgo del que necesita.

Otra cosa que debe considerar es el punto de parada de ganancias. Esta es la cantidad de dinero que obtendrá como beneficio antes de salir del mercado. No importa si el mercado sigue subiendo después de salir del mercado. Aún deberá asegurarse de salir del mercado y simplemente tomar sus ganancias. Siempre puedes unirte al mercado más tarde e intentarlo de nuevo, pero tomar una decisión sobre cuánto beneficio obtendrás antes de ingresar al mercado mantendrá las emociones fuera del juego.

78

## Considere trabajar con un corredor

Si nunca antes ha trabajado en el mercado o ha mirado acciones, probablemente sea una buena idea trabajar con un corredor. Puede ser difícil trabajar con el proceso de comercio diario, y debe tomar muchas decisiones rápidamente ya que está haciendo todo el comercio en un día. Su corredor podrá ofrecerle consejos, ayudarlo a completar las operaciones que desee y mucho más.

Por supuesto, debe asegurarse de elegir un buen corredor. Hay muchos tipos diferentes de corredores y algunos de ellos serán increíbles y le ofrecerán consejos que lo ayudarán a ganar dinero, y otros serán baratos e ineficaces. Investigue y mire a su alrededor y seguramente encontrará los resultados que desea.

## Toma un descanso cuando sea necesario

Perder algo de dinero puede ser realmente difícil. Muchos principiantes tienen algunos problemas con esto porque tenían grandes esperanzas de poder ganar mucho dinero en el proceso. Incluso pueden haber pasado horas investigando y aprendiendo la estrategia correcta para tener éxito. Y luego algo sucedió en el mercado, y las cosas se fueron al sur, causando que perdieran dinero.

Lo primero que hay que recordar es que todo el mundo tiene un mal oficio. Hay personas que han estado en el mercado de operaciones diarias durante años y que terminan haciendo malas operaciones. Esto es solo una parte del negocio. El mercado no siempre se comporta de la manera que usted espera, pase lo que pase, y habrá momentos en los que se encuentre con una mala operación.

Dependiendo de cómo haya ido la operación, es posible que desee considerar tomar un descanso antes de ingresar nuevamente. Es difícil perder dinero, y si vuelves a empezar demasiado rápido, podrías terminar tomando algunas malas decisiones, una que te hará perder más dinero. No hay reglas o cuántas veces tienes que operar durante el día para ser un comerciante de día. Si tienes una mala operación justo en la mañana y esa fue la única operación que hiciste, aún está bien tomar un descanso y comenzar de nuevo al día siguiente. Es mejor perderse algunas horas de negociación diaria en lugar de arriesgarse porque sus emociones se interponen en el camino y pierden más dinero en el proceso.

**Escriba consejos después de sus operaciones**

Mencionamos esto un poco antes, pero siempre es una buena idea anotar información y consejos cuando haya terminado con sus operaciones. Como comerciante de día, hará muchas operaciones. A medida que avanza a través de este tipo de inversión, puede realizar muchas transacciones en el mismo día, dependiendo de cuánto dinero tenga disponible y cuánto le gustaría ganar en el proceso. A través de todos estos oficios, seguramente aprenderá muchas cosas e incluso cometerá muchos errores.

Incluso como comerciante diario más experimentado, habrá ocasiones en las que tenga preguntas sobre lo que debe hacer. En lugar de solo adivinar, ¿por qué no echar un vistazo a algunas de las notas que ha tomado en el pasado? Especialmente al principio, debe tomarse un tiempo para escribir algunas notas sobre sus operaciones. Si bien es posible que no tenga tiempo para anotar la información después de cada operación, considere escribir algunas notas al final del día. Escribir sobre sus errores y algunas de las cosas que puede hacer para mejorar las cosas la próxima vez resultará muy útil a largo plazo.

El comercio diario es una inversión muy lucrativa, siempre que sepa qué esperar y pueda elegir las opciones correctas. Siguiendo estos pasos, podrá tomar las decisiones inteligentes que pueden hacer que trabajar en el comercio diario sea muy exitoso.

## CONCLUSIÓN

Gracias por llegar hasta el final de este libro, esperemos que haya sido informativo y que pueda brindarle todas las herramientas que necesita para lograr sus objetivos, sean cuales sean.

El siguiente paso es comenzar con el comercio diario. Puede ser una gran oportunidad de inversión, y esta guía le brindará toda la información y los consejos que necesita para comenzar y tener éxito en el comercio diario. El comercio intradiario no es algo a lo que debas simplemente lanzarte; es una opción estresante que requerirá mucha dedicación, investigación y más para obtener las ganancias que desea.

Esta guía le brinda toda la información que necesita para comenzar a operar en el día. Comenzará con algunos de los conceptos básicos del comercio diario y los rasgos de personalidad que necesita para ser un comerciante exitoso. También aprenderá cómo administrar sus riesgos y cómo comprar las mejores acciones antes de aprender qué herramientas y plataformas necesitan los comerciantes expertos para obtener resultados positivos.

Después de que esta guía analice algunos de los conceptos básicos para ayudarlo a tomar una decisión sobre si el comercio diario era la mejor opción para usted o no, dedicará tiempo a hablar sobre algunas de las mejores estrategias de comercio diario que lo ayudarán a obtener resultados sorprendentes. Hay tantas estrategias diferentes que están disponibles para que elijas. Cualquiera de ellos, desde el comercio de reversión hasta el comercio de resistencia y más, puede tener éxito siempre que aprenda las reglas que los acompañan y se ciña a esas reglas, sin hacer cambios en el camino.

Comenzar con el comercio diario puede llevar algún tiempo y requiere mucha concentración. Asegúrese de leer esta guía para aprender algunos de los conceptos básicos que necesita saber sobre el comercio diario y para ayudarlo a elegir las estrategias que necesita para ingresar al mercado. Con los consejos y trucos de esta guía, estará a la vanguardia del juego para ayudarlo a obtener una gran ganancia a través del comercio diario.

Finalmente, si encontró este libro útil de alguna manera, ¡siempre se agradece una reseña en Amazon!

# Guía de estrategia para principiantes

# INTRODUCCIÓN

Felicitaciones por descargar este libro y gracias por hacerlo.

Los siguientes capítulos discutirán todo lo que necesita saber para comenzar a operar con opciones. Hay muchas opciones diferentes entre las que puede elegir cuando se trata de elegir una buena inversión, pero debe asegurarse de elegir la que lo ayudará a ganar una buena cantidad de dinero sin tener tanto riesgo. . La mejor elección que puede hacer cuando se trata de una buena estrategia de inversión es trabajar con el comercio de opciones.

Esta guía tomará algún tiempo para analizar el comercio de opciones y todas las diferentes partes que lo acompañan. Comenzaremos con una buena explicación del comercio de opciones y cómo funcionará este método de negociación. También veremos algunos de los beneficios de elegir el comercio de opciones como su vehículo de inversión y por qué es mejor que algunas de las otras opciones.

La mayor parte de esta guía se dedicará a algunas de las mejores estrategias que puede utilizar cuando decida invertir en opciones. Es difícil invertir en opciones y hacerlo bien si no está familiarizado con algunas de las estrategias. Echaremos un vistazo a algunas de estas estrategias y proporcionaremos ejemplos reales de cómo los comerciantes las han utilizado para ganar dinero. Esto le ayudará a saber cuándo es el mejor momento para elegir cada estrategia y cómo elegir las acciones que las acompañan. Esta guía terminará con algunas hojas de trabajo que lo ayudarán a comenzar y tomar decisiones informadas, sin importar qué estrategia de opciones elija.

Las opciones pueden ser una gran oportunidad de inversión siempre y cuando comprenda cómo funcionan y qué estrategia será la mejor para usted. Cuando esté listo para obtener un buen rendimiento de su inversión y ganar un buen dinero, asegúrese de consultar esta guía para ayudarlo a comenzar.

Hay muchos libros sobre este tema en el mercado, ¡gracias de nuevo por elegir este! Se hizo todo lo posible para garantizar que esté lleno de la mayor cantidad de información útil posible, ¡disfrútelo!

## CAPÍTULO 1: OPCIONES SOBRE ACCIONES

Muchas personas han considerado operar en el mercado de valores. Les gusta la idea de que hay muchas opciones diferentes para elegir en este mercado y que cada día de negociación puede traerles algo nuevo. Puede optar por poner su jubilación en el mercado de valores y dejar que crezca a largo plazo, puede realizar transacciones diarias y potencialmente realizar muchas transacciones pequeñas a lo largo del día, o incluso puede trabajar con opciones.

Una acción o participación en una empresa es una unidad de propiedad en esa empresa. Muchas empresas ofrecen estas acciones a los inversores porque les ayuda a reunir capital para que el negocio siga creciendo. Estas acciones luego se cotizan y se negocian en la bolsa de valores.

Cuando observa la bolsa de valores, habrá muchas acciones de alto perfil que tendrán un gran volumen de transacciones, y es posible que tengan derivados que las acompañen. Un derivado es un contrato entre dos o más partes en el que el contrato deriva su valor de un valor subyacente, como un índice o una acción. Los derivados que se negocian en el mercado de valores incluyen Futuros y Opciones.

Los contratos de futuros son relativamente más fáciles de entender cuando los compara con las opciones, pero tienen menos flexibilidad y conllevan un mayor riesgo. Para este libro, vamos a tomarnos un tiempo para analizar las opciones y cómo puede usarlas para operar en el mercado de valores.

Una opción se considera un tipo de contrato que será vendido por una parte a una segunda parte. El comprador obtendrá la opción, lo que significa el derecho, pero no las obligaciones, de comprar o vender las acciones que se encuentran en la opción a un precio predeterminado. Estas opciones no pueden existir para siempre, y cada opción tiene una fecha de vencimiento. Esto significa que el comprador de la opción tendrá derecho a ejercer su opción solo antes del vencimiento de la opción, o puede ejercer esa opción en cualquier momento hasta el vencimiento, según el tipo de opción en la que esté trabajando.

Una cosa a tener en cuenta antes de continuar. Es posible que los derivados se basen en una variedad de valores subyacentes, como materias primas. Sin embargo, solo nos vamos a centrar en el comercio de opciones que se ha basado en índices y acciones, para que las cosas sean un poco más fáciles por ahora.

**Las opciones de compra y venta**

Primero, comenzaremos con la opción de compra. Puedes pensar en esto como un depósito para un propósito futuro. Por ejemplo, usted puede ser un desarrollador de terrenos que quiere el derecho a comprar un lote que estará vacante en algún momento en el futuro, pero solo quiere usar ese derecho si se implementan algunas leyes de zonificación que lo ayudarían. El urbanizador podría comprar una opción de compra del propietario que le permita comprar el lote a un precio determinado en algún momento de los próximos años.

Ahora, el propietario no tiene que otorgar este tipo de contrato de forma gratuita. El desarrollador deberá agregar un pago inicial para asegurar ese derecho en su lugar; este pago inicial se conoce como prima y es el costo del contrato de opciones.

Para este, digamos que la prima de este contrato es de $6000 que se pagará a los propietarios. Después de dos años, las leyes de zonificación han sido aprobadas y el desarrollador podrá ejercer la opción de compra del terreno por el precio acordado. Esto puede ser muy beneficioso para el desarrollador porque después de que se aprueben las leyes de zonificación, el valor del terreno puede duplicarse, pero el desarrollador solo pagará la cantidad que se acordó originalmente.

Sin embargo, el desarrollador también tiene una forma de salirse del contrato. Digamos que el contrato de opciones fue por tres años y las leyes de zonificación no entraron en vigencia hasta después de cuatro años. A menos que el propietario del terreno y el desarrollador hayan hecho otros acuerdos, el contrato de opciones ha pasado y el desarrollador ha perdido los derechos sobre el terreno. Pagarán el precio de mercado por la tierra o se irán y no comprarán el precio en absoluto. En este caso, si el desarrollador no compra el terreno, el propietario se quedaría con esos $6000.

La segunda cosa es usar una opción de venta. Esto se ve como una póliza de seguro con el mercado de valores. Volviendo a un promotor inmobiliario, digamos que posee muchas acciones y le preocupa que en los próximos años haya un problema con una recesión en la economía. El desarrollador quiere estar seguro de que si esta recesión golpea, no perderá más del 10 por ciento del valor de sus acciones.

Si la bolsa de valores cotiza a 2500, el desarrollador podrá comprar lo que se conoce como opción de venta, lo que le da derecho a vender sus acciones a 2250 en cualquier momento dentro de los próximos años. Por lo tanto, si el mercado termina cayendo un veinte por ciento en los próximos seis meses, aún podrán vender por 2250, aunque el mercado puede tenerlo hasta 2000 en su lugar. Incluso si el mercado termina cayendo a cero (lo que no es probable), el desarrollador solo perderá hasta el diez por ciento de su cartera.

Estos ejemplos se utilizan para demostrar algunos puntos importantes para trabajar con opciones. Primero, cada vez que compra una opción, tiene derecho, pero no está obligado, a hacer algo. Tiene la opción de dejar pasar el vencimiento, y luego la opción perderá su valor. Sin embargo, si deja que el vencimiento se desvanezca, perderá toda su inversión o la prima de la opción. Lo segundo es que una opción es solo un contrato que tratará con el activo que desea. Debido a esto, las opciones se consideran derivados.

## Los tipos de opciones

Si bien técnicamente hay muchos tipos de opciones con las que puede elegir trabajar, nos centraremos en las dos categorías principales en las que generalmente se incluyen. Los dos tipos principales de opciones incluyen:

• Opciones de compra: estas son las opciones que le darán al comprador el derecho de comprar el valor subyacente a un precio fijo.

• Opciones de venta: estas opciones otorgan al comprador el derecho a vender el valor subyacente a un precio fijo.

Lo que debe tener en cuenta aquí es que cuando trabaja con una opción de compra, el comprador de esta opción solo podrá beneficiarse de esa opción cuando suba el valor de sus acciones subyacentes. Cuando se trabaja con una opción de venta, el comprador de esta opción solo verá una ganancia cuando el valor de la acción subyacente termine bajando.

También hay dos convenciones que se utilizarán cuando se trata de las opciones que está utilizando. Si solo está planeando operar con opciones en Estados Unidos, ese es el único tipo de vencimiento con el que tendrá que lidiar. A algunas personas también les gusta trabajar con opciones internacionales, por lo que es una buena idea aprender cómo funcionan estos dos métodos:

• El vencimiento al estilo europeo: las opciones de compra y las opciones de venta se denotan con CE y PE. Con este tipo de vencimiento, sus opciones solo se ejercen en el momento especificado para el vencimiento.

• El vencimiento al estilo americano: las opciones de compra y las opciones de venta se denotan con CA y PA en este método. Para este tipo de vencimiento, las opciones se ejercerán en cualquier momento entre la compra de la opción y el vencimiento.

El método que vaya a utilizar dependerá de lo que se considere la norma en el país donde está operando y de dónde provienen las acciones. Por ejemplo, si está negociando opciones en la India NSE, querrá seguir el estilo europeo de vencimiento para obtener resultados.

## La estrategia correcta

El comercio de opciones puede parecer un poco complicado cuando comienza por primera vez. Desea asegurarse de elegir los tipos correctos de acciones y de hacer buenas predicciones que lo ayudarán a ver el éxito en el futuro. Pero la forma en que haces esto puede plantear el desafío. Hay muchas acciones diferentes y muchas condiciones de mercado diferentes, por lo que descubrir cuál es el adecuado para usted puede llevar algún tiempo.

Lo mejor que puedes hacer es elegir la estrategia correcta. Esta guía discutirá algunas de las mejores estrategias que puede usar para el comercio de opciones. La estrategia que elija realmente facilitará las cosas en su comercio. Cada una de las estrategias que discutiremos en esta guía tendrá ciertos requisitos que debe seguir para elegir las acciones que funcionarán con ellas. Estas estrategias también lo ayudan a elegir con qué condiciones de mercado debe trabajar, por lo que realmente puede hacer que las cosas sean más fáciles de manejar.

Está bien mezclar y combinar sus estrategias con el tiempo. Cada operación de opción que realice puede tener diferentes requisitos, por lo que no tiene que estar atascado haciendo lo mismo todo el tiempo. Si nota que hay una acción que funcionaría mejor con una estrategia comercial con la que no suele trabajar, o si las condiciones del mercado están cambiando y cree que una nueva estrategia funcionará mejor, entonces debería elegirla. Debe seguir con la misma estrategia mientras está dentro de la misma operación, pero cuando pasa de una operación a otra, está bien cambiar las cosas un poco según sea necesario.

**Opciones de ITM, OTM y cajero automático**

In the money (ITM), out of the money (OTM) y at the money (ATM) son tres de los acrónimos que escuchará bastante cuando trabaje con el comercio de opciones. Echemos un vistazo a lo que significa cada uno de estos para ayudarlo a comprender cómo funcionan en el comercio.

Las opciones de ITM son aquellas que tienen un valor intrínseco. Si ejerce estas opciones en ese momento, le harán ganar algo de dinero. Cualquier opción de compra que tenga un precio de ejercicio inferior al precio de mercado de la acción subyacente se considera una opción ITM. Por otro lado, cualquier opción de venta que tenga un precio de ejercicio superior al precio de mercado de la acción subyacente se considerará una opción de ITM. El valor intrínseco de cualquier opción ITM será la diferencia positiva entre su precio de ejercicio y el precio de mercado de la acción.

Para hacerlo simple, cuando el precio de la acción sube y cruza un precio de ejercicio particular de su opción de compra, entonces esta opción se convertirá en un ITM. Luego, cuando el precio de la acción caiga por debajo del precio de ejercicio de su opción de venta, esta opción también se convertirá en un ITM.

Las opciones OTM son lo opuesto a las opciones ITM que acabamos de discutir. Estas opciones no van a tener un valor intrínseco. Cuando expiren, todas las opciones OTM no tendrán valor. Cualquier opción de compra que tenga un precio de ejercicio superior al precio de mercado de la acción y cualquier opción de venta que tenga un precio de ejercicio inferior al precio de mercado de la acción se considerará OTM.

Las opciones de cajero automático van a ser un poco diferentes a las otras dos. Estas van a ser opciones en las que el precio de ejercicio es el mismo que el precio de mercado de las acciones. Estas opciones de cajero automático pueden convertirse en una opción ITM o en una opción OTM en función de cómo los precios de mercado terminan cambiando con el tiempo.

**Términos que debe conocer**

Hay muchas cosas que puede hacer cuando se trata de trabajar con opciones, y es probable que vea un montón de términos a medida que ingrese al mercado. Es importante saber qué significan todos estos términos antes de ingresar al mercado, o terminará perdiéndose algunas cosas importantes que pueden ayudarlo a tomar decisiones. Algunos de los mejores términos que debe conocer cuando esté listo para unirse al mercado de negociación de opciones incluyen:

• El precio de ejercicio (SP): todo contrato de opciones tendrá asociado un precio de ejercicio. Este es el precio de referencia fijo contra el cual tiene lugar la liquidación en el momento en que se ejerce la opción o cuando vence la opción. De cualquiera de los índices o acciones dados que se negocien, habrá varios contratos de opciones que se correspondan con varios precios de ejercicio. Estos precios son determinados de antemano por la bolsa de valores donde se negocian las acciones.

• El tamaño del lote: el tamaño del lote especifica el número fijo de unidades del valor que cubre su contrato de opciones. El organismo regulador del stock determina este tamaño de lote, y es posible que el tamaño del lote cambie según el stock que esté utilizando.

• Prima: esta es solo la cantidad de dinero que el comprador de la opción pagará por acción cuando compre la opción. Entonces, el costo total de estos contratos será la prima multiplicada por el tamaño del lote que elijas.

• Fecha de caducidad: cada opción con la que trabajes tendrá una fecha de caducidad. Esto variará según el contrato, y es posible que la fecha de vencimiento sea semanal, mensual o incluso trimestral. Sabrá cuál es la fecha de vencimiento cuando compre el contrato de opciones.

Comprender cómo funciona cada uno de estos puede marcar una gran diferencia en la experiencia que tiene cuando se trata de trabajar con el comercio de opciones. Ahora que conocemos un poco los conceptos básicos, veamos algunas de las otras cosas con las que necesita trabajar para ganar dinero con el comercio de opciones.

# CAPÍTULO 2: ¿ POR QUÉ OPERAR CON OPCIONES?

Cuando se trata de trabajar con una inversión, desea asegurarse de que está trabajando con una opción que le hará ganar dinero. Nadie quiere entrar en una inversión que les hará perder todo su dinero. Pero parte del objetivo de una inversión es que conlleva cierto riesgo. Es de esperar que pueda elegir una inversión que tenga una recompensa mucho mayor que el riesgo para que pueda ganar dinero.

Hay una variedad de opciones que puede elegir cuando se trata de su elección de inversiones. Puede optar por hacer bienes raíces, poner el dinero en la jubilación, negociar en la bolsa de valores e incluso iniciar su propio negocio. Con todas estas otras opciones para elegir, ¿por qué querría elegir opciones como su vehículo de inversión? Estos son algunos de los beneficios de elegir el comercio de opciones sobre algunas de las otras opciones de inversión cuando esté listo para poner su dinero a trabajar para usted.

**Limite su riesgo**

Una buena razón para optar por las opciones de compra es que podrá limitar su riesgo a solo la cantidad de dinero que paga por la prima. Con otras opciones de inversión, podría terminar perdiendo mucho dinero, incluso dinero que no invirtió para empezar, pero esto no sucede cuando trabaja con opciones.

Digamos que viste que los precios de las vacas estaban a punto de subir. Podría pagar algo de dinero por adelantado y celebrar un contrato con otra persona para vender sus cinco vacas por $2000. En este punto, dado que está trabajando con un contrato de opciones, no compró las vacas por adelantado.

Por otro lado, si se hubiera acercado a la otra persona y hubiera comprado esas vacas directamente por un costo de $10,000, podría terminar en problemas. Para este ejemplo, el precio de las vacas puede terminar bajando $500, en lugar de subir $500, y terminaría perdiendo $2500 en el proceso. Sin embargo, dado que entró en el contrato de opciones, no perdería más de $ 250 si los precios cayeran después.

Todavía puede perder algo de dinero, pero es mucho menos de lo que habría perdido de otra manera.

## Mejor aprovechamiento del dinero

Descubrirá que cuando trabaja con opciones, puede proporcionarle un buen poder de apalancamiento. Un comerciante podrá comprar una posición de opción que imitará bastante su posición en acciones, pero terminará ahorrándole mucho dinero en el proceso.

Digamos que vio que había una oportunidad de hacer una operación rentable, solo pudo ahorrar alrededor de $ 1000 para comprar las acciones, pero no sabía que había opciones disponibles. Si todavía estuviéramos hablando de las vacas de antes, no podría comprar ni una vaca por el dinero (recuerde que cuestan alrededor de $ 2000 cada una sin el contrato de opciones), por lo que perdería por completo la posibilidad de hacer una ganancia.

Pero, si decidió comprar con un contrato de opciones, en lugar de comprar el activo subyacente directamente, la dinámica ha cambiado por completo. Esto podría resultar en una inversión de solo $ 250 para comenzar. La prima del contrato de opciones es una fracción del costo total, lo que le permite participar en la operación por mucho menos dinero. Si analiza los contratos de opciones, podrá realizar más compras y, potencialmente, más dinero, en comparación con algunas de las otras opciones de acciones que puede realizar.

## Mayor porcentaje de devoluciones

Como se mencionó, un comerciante de opciones solo pagará una fracción del valor del activo solo para tener cierto control sobre ese activo. Esto permitirá que el comerciante gane más dinero del que podría ganar cuando compra el activo por adelantado y luego trata de venderlo. Echemos un vistazo a un ejemplo de cómo puede funcionar esto.

Volviendo a la idea de las vacas, el precio de mercado al comienzo de esta operación es de $2000. Para un ganadero regular, que no sabe nada de opciones, tenía los $2000 en la mano y creía que el precio del ganado iba a subir, solo tendría la oportunidad de comprar en vaca. Si el precio de las vacas sube a $ 2500, este comerciante solo podrá obtener una ganancia de $ 500. Esto no es malo, pero dado que existe un gran riesgo con esta opción, no siempre es la mejor.

Por otro lado, un comerciante que sabe un poco sobre opciones podrá hacer las cosas un poco diferentes. Si tuviera $2000, podría optar por comprar ocho contratos de opciones, con una prima de $50. Esto significa que ahora tiene los derechos de compra de un total de 40 vacas en lugar de la única vaca que tenía el otro comerciante.

Con la misma ganancia de $500 por vaca, su ganancia sería de $18 000 (esto incluye los $500 por vaca menos los $2000 que gastó al principio para comprar los contratos). Ganó miles de dólares más en comparación con el comerciante original, pero usó la misma cantidad de dinero para comenzar.

### Ayuda a cubrir operaciones intradía o de futuros

Es común que los comerciantes compren o vendan en corto contratos de futuros porque esperan que se muevan en una dirección u otra. Los comerciantes intradía pueden hacer lo mismo, porque comprarán una gran cantidad de acciones con la esperanza de que suban o bajen durante ese día. Si el comerciante termina eligiendo la dirección equivocada en los futuros o en las operaciones intradía, puede terminar perdiendo mucho peso. A menos que establezca un stop-loss, es posible que pierda una cantidad ilimitada de dinero en el proceso.

Es posible que no se queje cuando esto sale bien y obtiene ganancias ilimitadas, pero si realiza una de estas operaciones y no cubre su posición, se quejará cuando comience a perder mucho dinero. Si comprende cómo funcionan las opciones comerciales, puede comprar opciones de compra o venta para ayudar a asegurarse de que no terminará con una pérdida ilimitada. La elección correcta de las opciones ayudará a controlar su pérdida en el momento en que las posiciones intradía o de futuros comiencen a ir en contra de lo que usted deseaba.

Si bien hay muchas excelentes opciones de inversión que puede hacer, ninguna de ellas limitará su riesgo tanto como las opciones y, al mismo tiempo, le brindará un gran potencial para ganar dinero en el proceso. Esta es una gran inversión para cualquier persona, ya sea que esté comenzando a invertir o que haya estado en el mercado durante mucho tiempo.

## CAPÍTULO 3: ERRORES DE PRINCIPIANTE

Como principiante, tiene una gran curva de aprendizaje con la que debe trabajar antes de poder obtener ganancias de manera constante con las opciones. Puede parecer bastante simple a partir de algunos de los ejemplos que hemos proporcionado hasta ahora, pero necesita tomarse el tiempo para aprender tanto como sea posible sobre las opciones y aprovechar al máximo su inversión.

Aprender qué errores cometen otros principiantes y cómo evitarlos puede marcar la diferencia en el éxito que puede tener con el comercio de opciones. Echemos un vistazo a algunos de los errores comunes que ocurren con las opciones y cómo puede evitarlos para ganar tanto como sea posible.

### Opciones de compra sin cobertura

Este es un gran error que cometerán muchos principiantes y puede terminar costándote mucho dinero. Comprar una opción desnuda significa que está comprando una opción sin operaciones de protección para cubrir su inversión, en caso de que vaya por el camino equivocado y termine perjudicando sus ganancias. Es realmente difícil predecir cómo se moverá la acción en el corto plazo, y habrá ocasiones en las que no sea preciso. Si continúa comprando opciones desnudas, básicamente espera tener suerte cada vez, y espera no perder más de lo que gana a largo plazo.

Para obtener una buena ganancia después de comprar una opción desnuda, hay algunas cosas que deben suceder, entre ellas:

• El comerciante debe ser capaz de predecir con precisión la dirección en que se moverá la acción.

• El movimiento de esa acción debe ser lo suficientemente rápido para que la posición del comerciante pueda cerrarse antes de que sus ganancias se sobrepasen con el decaimiento del tiempo.

• El aumento del precio de la prima de las opciones debe compensar las caídas que puedan ocurrir desde el momento en que se compró la opción.

• El operador debe poder salir de la operación antes de que ocurra la reversión del precio de las acciones.

Como puede ver, habrá momentos en los que será un desafío que todas estas cosas ocurran y encajen en su lugar. Esta es la razón por la que es común que los comerciantes de opciones desnudas pierdan dinero, incluso si pudieran adivinar correctamente la forma en que se movería la acción. Todavía hay muchos comerciantes que asumen que si siguen los mismos pasos, obtendrán buenos resultados a largo plazo. La mejor manera de obtener ingresos de las opciones es nunca comprar una opción simple, a menos que lo haga para cubrir otra posición, porque el riesgo es demasiado grande.

## Subestimar tu decaimiento del tiempo

Otro error que puede cometer como principiante es subestimar su decaimiento en el tiempo. Esta puede ser una de las peores partes de ser un comercio de opciones si no puede salir del comercio lo suficientemente rápido.

Como comprador de opciones de compra, puede notar que a veces, incluso cuando el precio de las acciones aumenta diariamente, el precio de la opción de compra no sube ni baja. Como comprador de opciones de venta, a veces puede notar que el precio de sus opciones de venta no aumenta, incluso si hay una caída en el precio de sus acciones. Esto puede ser un poco confuso para alguien que acaba de empezar como comerciante de opciones.

Estos problemas van a ocurrir en el mercado cuando el aumento o la disminución del precio de las acciones simplemente no va a un ritmo lo suficientemente rápido como para superar el ritmo al que el valor temporal de las opciones se erosiona cada día. Esto significa que con la estrategia que emplees para operar, deberías tener algún método para minimizar o al menos contrarrestar el efecto del decaimiento del tiempo. Incluso hay algunas estrategias que utilizarán el decaimiento del tiempo a su favor para garantizar que el comerciante obtenga una operación rentable.

Las estrategias basadas en diferenciales que discutiremos más adelante en este libro realmente analizarán cómo hacer esto para que no termine perdiendo dinero, incluso si hizo algunas buenas predicciones en el camino.

**Comprar una opción con alta volatilidad.**

Otro error que puedes cometer es comprar opciones en un momento de alta volatilidad. Durante estos tiempos, las primas de las opciones a menudo se sobrevaloran y, si compra una opción, aún podría perder. Hay momentos en que la acción puede moverse bruscamente en línea con lo que espera; una gran caída en la volatilidad implícita podría hacer que el precio de la opción cayera bastante, lo que resultaría en una pérdida de dinero.

Desea asegurarse de que está comprando opciones cuando el precio no es tan volátil. Esto asegurará que el precio de la opción o de la acción no baje más de lo que esperaba y que no pagará demasiado por la prima de su opción.

**No reducir sus pérdidas cuando sea necesario**

Un buen dicho que debe seguir cuando se trata de operar con opciones es reducir sus pérdidas y dejar correr a los ganadores. Incluso aquellos que han estado trabajando en el comercio de opciones encontrarán que una de sus operaciones ha ido mal en alguna ocasión. La diferencia entre el operador novato y el más experimentado es que el operador experimentado sabe cuándo ha perdido y cuándo debe salir del mercado. Muchos principiantes siguen aferrándose a operaciones que están perdiendo con la esperanza de que estas opciones se recuperen y ganen dinero.

El problema con esto es que cuando se aferran a estas opciones, se aferran a ellas mucho más tiempo y pierden una gran parte de su capital. En lugar de perder mucho dinero, un comerciante experimentado sabrá cuándo admitir que se equivocó y se retirará temprano cuando las pérdidas sean bajas. Entonces todavía les quedará algo de capital para gastar en otro contrato de opciones.

Ser capaz de reducir sus pérdidas a tiempo es crucial, especialmente si está trabajando con una estrategia direccional y toma la decisión equivocada. Lo más práctico que puede hacer es salir de su posición perdedora una vez que note que se está moviendo en contra de sus expectativas y erosiona más del dos o tres por ciento del capital total que desea ganar.

Si eres de los que les gusta usar las estrategias basadas en spreads, las pérdidas que tendrás siempre serán más limitadas cuando hayas hecho una call equivocada. Sin embargo, independientemente de la estrategia que esté utilizando, una vez que se dé cuenta de que su operación no le dará buenos beneficios, es hora de reducir las pérdidas y optar por reinvertir en una posición diferente que pueda generar mejores beneficios.

## Agregar demasiados huevos en la misma canasta

Como se mencionó, habrá momentos en los que hará una mala operación, sin importar cuánto tiempo haya pasado en el mercado de opciones. Un comerciante experimentado sabe que nunca debe colocar todas sus apuestas en una sola operación. Si hace esto y la operación sale mal, significa que perderá gran parte de su capital en un solo lugar.

Los comerciantes profesionales saben que deben distribuir sus riesgos en al menos algunas operaciones diferentes para no perder todo su dinero en un solo lugar. Lo mejor es mantener no más del cinco por ciento de su capital disponible en una operación para mantener las cosas seguras. Por lo tanto, si tiene $ 10,000 para invertir en total, es mejor nunca ingresar a una operación en la que correrá el riesgo de perder más de $ 500 si las cosas salen mal. Si puede seguir esta práctica, se asegurará de que perder de vez en cuando sea algo que pueda suceder sin que consuma todas sus reservas de efectivo. Si no sigue este consejo, fácilmente puede colocar demasiado de su dinero en una sola operación y, si sale mal, perderá gran parte de su capital.

## Uso de corredores que cobran demasiado

Cuando está invirtiendo, es importante reducir sus costos tanto como sea posible. Si bien no desea ser tacaño y tomar atajos, hay algunos corredores que cobrarán mucho más por sus servicios en comparación con otros. Puede elegir ir con otra opción que le ahorrará algo de dinero.

Necesitas investigar un poco antes de tiempo. El hecho de que un corredor cobre menos no significa que sea el mejor para usted. Hay muchos corredores que le cobrarán una tarifa justa, pero asegúrese de ver algunas de las características que ofrece cada uno y elija uno que le brinde los resultados que desea.

Como puede ver, hay algunos errores comunes que los principiantes pueden cometer y que les costarán mucho dinero en el comercio de opciones. Pero cuando aprende acerca de estos errores y cómo evitarlos, tiene una ventaja para ganar dinero con sus operaciones de opciones.

## CAPÍTULO 4: LAS SEIS ESTRATEGIAS A UTILIZAR EN EL COMERCIO DE OPCIONES

Hay muchos beneficios de trabajar en el comercio de opciones. Puede obtener muchas ganancias e incluso limitar sus pérdidas si sabe cómo hacer que el mercado funcione para usted. Lo mejor que puede hacer es elegir la estrategia adecuada para ayudarlo sin importar cómo se mueva el mercado. Más adelante en esta guía, analizaremos en profundidad cada una de estas estrategias, así como también veremos un estudio de caso de cómo funciona cada una para que realmente pueda dominar esa estrategia. Por ahora, vamos a ver algunos de los conceptos básicos de cada estrategia, para que pueda tener una idea de cómo son diferentes y pueda elegir qué estrategia cree que funcionará mejor para usted.

Primero está el bull put spread. Esto se considera un diferencial direccional y crediticio. Una ventaja que encontrará es que es capaz de trabajar contra el problema del decaimiento del tiempo, por lo que no perderá dinero por eso. Elegiría trabajar con el diferencial de venta alcista en cualquier momento en que espere que una acción caiga, permanezca estancada o caiga solo un poco (si es que cae) durante el futuro cercano. El riesgo en este es bastante bajo, por lo que a menudo es una buena estrategia para que los principiantes comiencen.

También puede optar por trabajar con la propagación de la llamada del oso. Esta es otra estrategia que es direccional, un margen de crédito y le brinda la ventaja de trabajar contra el problema del decaimiento del tiempo. Elegiría ir con la propagación de la llamada bajista en cualquier momento que espere una caída, un estancamiento o un aumento a corto plazo. Esta es otra estrategia de bajo riesgo que puede ayudarlo a acostumbrarse al mercado y ver algunos resultados.

El bull call spread es la próxima estrategia para el comercio de opciones en nuestra lista. Este es un poco diferente a los otros dos en que es un diferencial de débito, y aún tendrá que trabajar contra el problema del tiempo de deterioro con él. Sin embargo, sigue siendo una elección direccional, que es algo con lo que puede estar familiarizado si ha utilizado algunas de las otras estrategias. Querrá trabajar con el bull call spread cada vez que espere que sus acciones suban moderadamente a corto plazo. El riesgo al que se enfrentará cuando trabaje con el bull call spread se considera moderado.

El diferencial de venta bajista es similar al diferencial de llamada alcista, pero funciona de manera opuesta. Este es otro diferencial de débito, y no lo ayudará a luchar contra el problema del decaimiento del tiempo, por lo que deberá limitar la cantidad de tiempo que retiene la opción. Sin embargo, todavía se considera una de las estrategias direccionales. Esta es la estrategia con la que trabajará cada vez que crea que la acción elegida va a caer moderadamente en un corto período de tiempo. El riesgo que conlleva esta estrategia se considera moderado, por lo que es un poco más arriesgado que los dos primeros de los que hablamos, pero no está tan mal para que trabaje un principiante.

El siguiente en la lista es la estrategia del cóndor de hierro. Este se considera un diferencial de crédito. Aún obtendrá la ventaja contra el problema del decaimiento del tiempo, pero se considera una estrategia no direccional porque está apostando en contra de ambas direcciones en lugar de solo una. Elegiría trabajar con esta estrategia cuando tenga una acción que sea estable y no se mueva demasiado, o tenga una que suba y baje, pero esos movimientos permanezcan dentro de un rango específico y crea que la acción permanecerá allí. para el corto plazo. El riesgo en la estrategia del cóndor de hierro se considera bajo.

Y por último, también puedes optar por trabajar con la straddle larga o la estrangulación. Este es un diferencial de débito que también es no direccional, al igual que el cóndor de hierro. Tiene la desventaja de no poder trabajar contra el problema del decaimiento del tiempo. Elegiría esta estrategia cada vez que el mercado, o al menos las acciones con las que está trabajando, vayan a ser realmente volátiles durante un corto período de tiempo. Lo utilizan los comerciantes que ven una alta probabilidad de un aumento y una caída inminentes en el precio de las acciones. Este método se puede usar para atraparlos a ambos si no está seguro de qué dirección tomará el mercado. El riesgo en este caso es bastante alto; si el mercado no se vuelve tan volátil como pronosticó, podría perder mucho dinero. Sin embargo, existe el potencial de ganancias ilimitadas, por lo que si va a haber un gran cambio en el mercado pronto, este puede ser el adecuado.

Recuerde que cuando elija la estrategia que desea utilizar, las estrategias de débito direccional lo ayudarán a obtener un rendimiento más rápido y más grande. Tienen una buena relación riesgo-recompensa, y tienen el problema del decaimiento del tiempo que está funcionando con ellos. Esta es la razón por la que la mayoría de los operadores profesionales se mantienen alejados de los diferenciales de débito en la mayoría de los casos, aunque estos pueden parecer buenas opciones para trabajar.

En su mayor parte, no es una buena idea usar la posición larga de straddle/strangle, especialmente como principiante. No hay muchas ocasiones en las que el mercado se comporte de la manera que desea que esta estrategia funcione. Además, si está en este tipo de estrategia y obtiene el movimiento direccional esperado, debe cuadrar su posición lo más rápido posible porque está trabajando contra el decaimiento del tiempo. Este decaimiento de tiempo se acelera en el straddle/estrangulado largo porque ocurre en ambos extremos del campo de juego. Salir de la posición lo antes posible después de obtener una ganancia puede ayudar

Como principiante, puede encontrar que usar las estrategias basadas en crédito (no las estrategias de venta) le dará la mejor suerte. Le darán rendimientos más pequeños en comparación con algunas de las otras estrategias, pero los rendimientos son más consistentes que los que puede encontrar con otras opciones. Esto puede ayudarlo a obtener un flujo constante de ingresos a largo plazo sin mucho riesgo. Esto se debe a que el tiempo y la probabilidad a menudo favorecen este tipo de estrategias sobre las demás. Al menos vale la pena considerar comenzar con estas estrategias para aprender el mercado y mantenerse seguro.

Si buscas la estrategia que va a ser la más consistente a la hora de generar ingresos, querrás trabajar con el Cóndor de Hierro. Esto se debe a que, además de obtener los mismos beneficios que los otros diferenciales de crédito en lo que respecta al decaimiento temporal y la probabilidad, también se considera una posición neutral. Las acciones pueden subir y bajar con esta estrategia, y aún tiene el potencial de obtener ganancias, siempre que sus puntos de golpe estén en el lugar correcto.

Como puede ver, hay una serie de estrategias diferentes que puede utilizar cuando decide trabajar en el comercio de opciones. Cada uno de ellos es un poco diferente, y las situaciones en las que usa cada uno también variarán. Saber cómo funciona cada uno y cómo se pueden usar en el mercado lo ayudará a tomar decisiones inteligentes e informadas en el camino y aumentará la cantidad de ganancias que puede obtener en general.

## CAPÍTULO 5: LA ESTRATEGIA Bull Put Spread

Hay muchas estrategias diferentes que puede utilizar cuando se trata de trabajar en el comercio de opciones. La primera estrategia que veremos es el bull put spread. Esto se considera una estrategia direccional que querrá usar cuando una acción muestre signos de alcanzar su nivel de soporte y es poco probable que caiga más. Cuando la acción llega a esta etapa, está comenzando a cotizar plana, lo que significa que no se mueve mucho en ninguna dirección, o va a subir nuevamente.

Si desea trabajar con una estrategia bull put, algunas de las cosas que deberá hacer incluyen:

Seleccione la acción o el índice que se ajuste a los criterios para operar en esta estrategia. Esto se basará en su perspectiva a mediano o corto plazo para esa acción.

Luego venderá una opción de venta OTM de esta acción. Compre una opción de venta OTM que tenga la misma fecha de vencimiento y las mismas acciones subyacentes que la opción de venta que hizo en el segundo paso, pero elegirá un precio de ejercicio más bajo.

Una vez que haya terminado con los pasos anteriores, debe asegurarse de monitorear su posición todo el tiempo y luego cerrar ambas opciones al mismo tiempo una vez que la operación haya obtenido una buena ganancia. Alternativamente, puede optar por mantener la operación hasta que ambas opciones alcancen su vencimiento, lo que puede ayudarlo a obtener el máximo beneficio. Solo querrá ir al día de vencimiento si está seguro de que la acción no tiene ninguna amenaza de seguir por debajo del precio de ejercicio de su opción de venta de ejercicio más alta antes de tiempo.

**¿Cuándo debo usar esta estrategia?**

103

La primera pregunta que puede tener sobre esta estrategia es cuándo elegiría usar este tipo de estrategia. Querrá usar este tipo de margen cuando crea que su acción subyacente ha llegado a un nivel de soporte fuerte y no hay muchas posibilidades de que la acción baje mucho de ese nivel, al menos antes de la fecha de vencimiento elegida. .

Un buen momento para elegir este tipo de operación es cuando las acciones acaban de pasar por alguna corrección esperada o una reserva de ganancias. Por ejemplo, puede ser una acción fuerte que experimentó una caída de alrededor del cinco por ciento y luego comenzó a mostrar que se estaba estabilizando nuevamente en el nivel más bajo. Debe asegurarse de que el volumen de compra y la cantidad de compradores sea el mismo o aumente, de modo que es probable que las acciones vuelvan a subir en lugar de bajar. O puede optar por comenzar a operar cuando una acción está subiendo lentamente y no parece probable que vuelva a caer en el corto plazo.

Para esta estrategia, es preferible que opere con opciones que tienen una volatilidad históricamente baja. Esta es una estrategia de diferencial de crédito que explotará el decaimiento del tiempo. cuando se trabaja con acciones de baja volatilidad, la caída del precio solo será pequeña y esto hace que sea poco probable que supere la caída temporal de las opciones. Básicamente, esto hace que la operación sea bastante rentable, incluso si las acciones no se mueven según sus expectativas. Esta estrategia a veces también puede funcionar para las acciones de mayor volatilidad si se presenta la oportunidad, pero esta no siempre es la mejor opción.

**Ventajas y desventajas**

La mayor ventaja de usar la estrategia bull put spread es que se asegurará de que el decaimiento del tiempo funcione a su favor. Incluso si su acción no sube después de alcanzar el nivel de soporte y permanece bastante estancada, podrá obtener algún tipo de ganancia debido a la caída del tiempo. Además, si utiliza esta estrategia en momentos de alta volatilidad en el mercado, cualquier caída actuará como un catalizador para que la operación sea rentable a un ritmo más rápido.

La mayor desventaja de usar este tipo de estrategia es que la cantidad máxima de ganancias que puede obtener es menor que el potencial que podría usar si las acciones no salen como le gustaría y sus posiciones entran en pérdidas. .

## Un estudio de caso para el comercio Bull Put Spread

Vamos a echar un vistazo aquí a una operación real que se realizó con éxito para mostrarle cómo funciona esta estrategia. vamos a ingresar al mercado en abril de 2017 y usaremos las acciones conocidas como Biocon Limited como nuestras acciones subyacentes.

Primero, nos tomamos un tiempo para determinar los precios de ejercicio óptimos para negociar. Para hacer esto, necesitamos determinar una opción de venta que tenga un delta que no sea más de -0.25. esto significa que la operación tenía el equilibrio correcto de probabilidad y beneficio potencial e implica que en este momento solo hay un 25 por ciento de posibilidades de que la opción finalice el ITM al vencimiento. Lo que todo esto significa es que esta opción nos dará un 75 por ciento o más de posibilidades de éxito cuando se cobre una prima decente.

El siguiente paso que debe hacer es vender la opción de venta OTM. Luego puede comprar una opción de venta OTM de menor precio de ejercicio de las mismas acciones con la misma fecha de vencimiento. Para la primera parte, vería que la opción de venta de Biocon 1100 en abril se vendió por alrededor de $ 4,70. Luego, para la segunda parte, se compró la opción de venta Biocon 1080 por $1,75 para completar esta parte de la operación.

| Summary Table | | |
|---|---|---|
| Stock or Index Traded | Biocon | |
| Lot size for option | 600 | |
| Option 1 ( Higher-strike OTM Put : Sell) | Strike Price | 1,100.00 |
| | Premium Received | 4.70 |
| Option 2 (Lower-strike OTM Put : Buy) | Strike Price | 1,080.00 |
| | Premium Paid | 1.75 |
| Difference Between any 2 Consecutive Strikes-prices | | 20.00 |
| Potential Max Profit | | 1,770.00 |
| Potential Max Loss | | -10,230.00 |
| Condition for meeting max profit | Stock/Index price at expiry >= | 1,100 |
| Condition for meeting max loss | Stock/Index price at expiry <= | 1,080 |
| Break-even | Stock/Index Price at expiry = | 1,097 |

Esta tabulación le mostrará la cantidad de ganancias que podría obtener si el Biocon se mantuviera por encima de los 1100. Al final del día, la cantidad máxima es de $1770. Además, muestra la cantidad máxima que puede perder incluso si las acciones caen por debajo del precio de ejercicio más bajo, que es de $10,230. El punto de equilibrio, lo que significa que el punto por encima del cual la operación aún le proporcionaría una ganancia es de $1097,05. Históricamente, para esta opción, los valores delta de las opciones que está negociando tendrán menos del 20 por ciento de posibilidades de terminar con pérdidas, lo que se ajusta a la cantidad que queríamos anteriormente.

Este gráfico a continuación será el diagrama de pago de pérdidas y ganancias que mostrará las ganancias y pérdidas que puede obtener a medida que se grafican contra los cinco precios de vencimiento diferentes para esta acción.

106

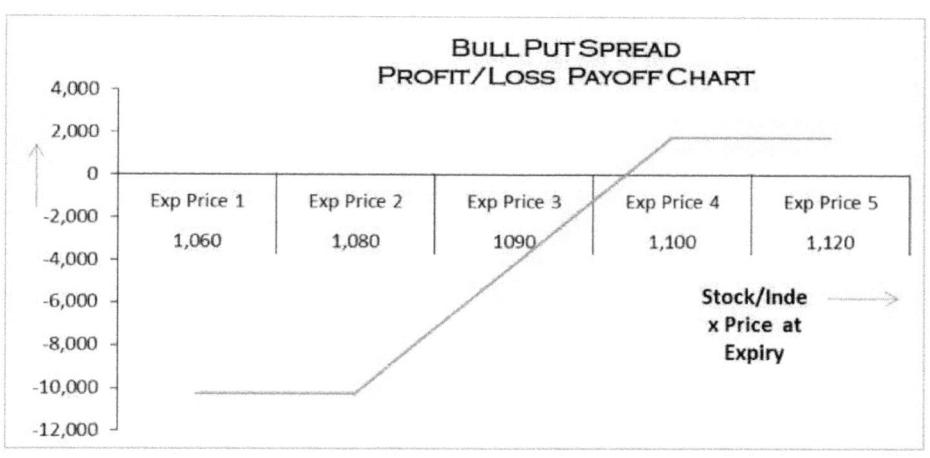

**Resultados de esta operación**

A pesar de que esta acción muestra algunas fluctuaciones de un día para otro, terminó en 1123 al final del día. Por lo tanto , ambas opciones expiraron sin valor como opciones OTM que dieron como resultado una ganancia general para esta operación.

Esta operación arrojó una ganancia de $1770. Este también fue el máximo que el comerciante podría hacer con la operación y fue igual a la nueva prima que se recibió cuando el comerciante ingresó a la operación. Dado que ambas opciones terminaron venciendo a $0, las negociadas obtuvieron rendimientos máximos.

La relación entre la ganancia o pérdida neta y la suma invertida en la operación te ayudará a calcular el retorno de la inversión o la cantidad de ganancia que obtuviste en esta operación. En este ejemplo, el corredor bloqueó una suma de $ 86,000 como margen para vender la opción de venta de 1100 Biocon que se vendió por un total de $ 2820 y el comerciante pagó $ 1050 por el poder adquisitivo de la opción de venta de precio de ejercicio más bajo. Esto significa que la inversión total para esta operación terminó siendo de \$87 050 y la ganancia fue de \$1770.

Con estos números, la relación de ganancias termina siendo 0,02, o alrededor del dos por ciento. Este no es un mal retorno de la inversión dado que esta operación en particular solo duró seis horas. Cuanto más tiempo mantenga la opción, mayor será el riesgo para usted, por lo que probablemente querrá optar por un retorno de la inversión un poco más alto. ¡Pero por este corto tiempo, ganaste algo de dinero y eso no está tan mal!

## CAPÍTULO 6: EL CÓNDOR DE HIERRO

La otra estrategia de la que hablamos eran estrategias direccionales, pero el cóndor de hierro será una estrategia no direccional. Este va a limitar un poco sus ganancias, pero la probabilidad de éxito es bastante alta para los comerciantes que pueden negociarlo bien. Cuando está trabajando con una operación de Iron Condor, no importa de qué manera terminen moviéndose las acciones o el índice, el comerciante será rentable siempre que el movimiento se mantenga dentro de los límites que establece el comerciante, en el momento del vencimiento. De todas las estrategias que vamos a discutir en esta guía, esta tiene el mayor potencial para brindarle ganancias y también tiene la menor cantidad de riesgo.

Utilizará el cóndor de hierro para operar con acciones de muy baja volatilidad. No es una buena idea ir con una acción que se mueve bastante y tiene grandes altibajos que van por todas partes. Descubrirá que esta es una estrategia de diferencial de crédito que se verá como una combinación del diferencial de llamada bajista (del que hablaremos en el capítulo siguiente) y el diferencial de venta alcista.

Puede considerar el cóndor de hierro como un tipo de estrategia perenne, una que muchos comerciantes utilizarán cuando encuentren una acción estable. Como comerciante, si puede elegir cualquier estrategia y quiere elegir una que sea bastante fácil de seguir y le brinde una mayor probabilidad de hacerlo bien, entonces el cóndor de hierro es la mejor opción para que elija.

El cóndor de hierro va a ser un poco más difícil de trabajar porque tiene cuatro patas, en lugar de las dos patas de la otra estrategia comercial. Para el primer paso, debe revisar y encontrar el stock con el que le gustaría trabajar. Recuerde que para que el cóndor de hierro funcione, debe tener un stock que sea bastante estable y que no suba ni baje demasiado en el proceso.

El siguiente paso es vender una opción de venta OTM profunda de la acción que seleccionó. Luego compre una opción de venta OTM con la misma fecha de vencimiento y con las mismas acciones que vendió en el primer paso, pero asegúrese de que esta tenga un precio de ejercicio más bajo.

Una vez realizados esos pasos, es hora de vender de nuevo. Esta vez va a vender un OTM profundo, pero debe ser una opción de compra. Desea que esto use el mismo stock y tenga la misma fecha de vencimiento que lo que usó en la última parte. Y finalmente, puede comprar una opción de compra OTM que tiene las mismas acciones y la misma fecha de vencimiento que todos los demás pasos, pero esta debe tener un precio de ejercicio ligeramente más alto.

Una cosa a tener en cuenta es que habrá una diferencia entre los precios de ejercicio de las dos opciones de venta que deben ser iguales a la diferencia entre los precios de ejercicio de las dos opciones de compra si desea crear esta estrategia con precisión. A lo largo del tiempo hasta el vencimiento, querrá controlar cómo le está yendo a su posición. A menos que esté seguro de que sus acciones se mantendrán dentro de los límites que ha establecido, querrá considerar salir de la operación cuando la posición esté generando el cincuenta por ciento o más de la ganancia máxima que desea obtener de esta operación. Si encuentra que el mercado va en contra de sus expectativas y hay un gran movimiento direccional de sus acciones, es hora de cerrar todas las posiciones y esperar hasta que las acciones tengan tiempo de estabilizarse antes de ingresar nuevamente.

Elegiría seguir esta estrategia cada vez que sus acciones muestren una volatilidad realmente baja. Esto significa que el stock no se mueve mucho o si se mueve dentro de un rango que puede definir fácilmente. En su mayor parte, las opciones sobre índices serán las mejores para ejecutar esta estrategia en comparación con las opciones basadas en acciones, ya que estos índices suelen ser menos volátiles. Si está trabajando con un mercado bastante estable, encontrará que los cóndores de hierro son la opción más segura para ganar.

La mayor ventaja de usar el cóndor de hierro es que se considera una posición neutral y es probable que obtenga algún tipo de ganancia siempre que ejecute esta estrategia de la manera correcta, sin importar de qué manera termine moviéndose la acción o el índice elegido. Y dado que esta es una estrategia de crédito neto, podrá ayudarlo a trabajar contra los problemas con el decaimiento del tiempo.

La mayor desventaja que vas a encontrar con el cóndor de hierro es que los rendimientos que obtendrás de él son bastante menores que los que puedes obtener de una estrategia direccional. Además, la pérdida máxima en la que puede incurrir será un poco más que la ganancia máxima que podría obtener en esta posición si no tiene cuidado con las acciones que está utilizando. Sin embargo, al mirar las estadísticas de éxito con el cóndor de hierro, notará que la probabilidad de ganar será mucho mayor que la de perder, lo que ayuda a que esta sea una gran estrategia para trabajar.

**Estudio de caso con la estrategia del cóndor de hierro**

Ahora es el momento de echar un vistazo a un ejemplo de cuándo el comercio del cóndor de hierro puede tener éxito. Para este, vamos a entrar en la operación el 17 de abril y el índice subyacente que se utiliza es el Nifty 50. Este se considera un índice de referencia de la Bolsa Nacional de Valores de la India. Este es bueno para usar con el cóndor de hierro porque tiene un historial de estabilidad y generalmente no se mueve demasiado hacia arriba y hacia abajo.

La razón por la que ingresamos con esta estrategia es porque el índice Nifty acaba de alcanzar un máximo de 52 semanas y ha habido algunas reservas de ganancias. Desde ese momento, se ha estado negociando en un rango estrecho, lo que muestra que hay algo de soporte para que se mantenga alrededor de 9100 y cuando llega a 9300, parece haber una fuerte resistencia. Al mirar el futuro cercano, no se espera que haya grandes desencadenantes que causen una gran subida o bajada en el precio y al mirar el historial del índice, por lo general no sube ni baja. abajo más del tres por ciento en promedio a través del dinero.

Esto significa que durante el próximo mes, no es probable que el índice no supere los 9500 y no es probable que caiga por debajo de los 8900 en el próximo mes . Esto ayuda a que las condiciones sean perfectas para trabajar con el cóndor de hierro.

El primer paso que debe tomar cuando trabaja en un comercio de cóndor de hierro es elegir su stock. Desea uno que no tenga mucho movimiento o al menos uno que tenga un movimiento predecible entre los mismos dos puntos. Algunas de las cosas que también debe considerar cuando se trata de usar la estrategia del cóndor de hierro incluyen:

111

• Todas las opciones que elija deben tener un mínimo de 30 días de vencimiento para que se pueda cobrar suficiente prima. Debido a esto, este estudio de caso eligió una fecha de caducidad de 38 días en el futuro, es decir, el 25 de mayo.

• La operación debe tener una alta probabilidad de éxito, al menos el 70 por ciento. Para asegurarse de que esto suceda, la opción de venta 8900 Nifty y luego la opción de compra 9500 fueron los puntos que se eligieron. Dado que esta acción se ha fijado solo recientemente y estaba cerca de la marca de 9150, las huelgas que se eligieron para la llamada dieron algo de espacio adicional porque era más probable que el índice aumentara en lugar de disminuir.

Lo segundo que debe hacer es vender una opción de venta OTM profunda. La opción de venta de 8900 Nifty que expiró en mayo se vendió por 42,25. entonces necesita comprar una opción de venta OTM que tenga un precio de ejercicio más bajo en comparación con su opción vendida. Para este ejemplo, usamos la opción de venta 8700, le dimos un vencimiento en mayo y luego la compramos por 19.70.

Ahora necesitas trabajar en la siguiente etapa. Este le pedirá que venda una opción de compra OTM profunda. En este ejemplo, compramos una opción de compra de 9500 que vencería en mayo y la vendimos por 23. Y finalmente, también necesita comprar una opción de compra OTM. Compramos una opción de compra de 9700 por 4,85.

112

| Summary Table | | |
|---|---|---|
| Stock or Index Traded | Nifty | |
| Lot size for each option | 75 | |
| **Option 1** | Strike Price | 8,700.00 |
| Lower-strike Put Option - Buy | Premium Paid | 19.70 |
| **Option 2** | Strike Price | 8,900.00 |
| Higher-strike Put Option - Sell | Premium Received | 45.25 |
| **Option 3** | Strike Price | 9,500.00 |
| Lower-strike Call Option - Sell | Premium Received | 23.00 |
| **Option 4** | Strike Price | 9,700.00 |
| Higher-strike Call Option - Buy | Premium Paid | 4.85 |
| Difference Between any 2 Consecutive Strikes-prices | | 50.00 |
| Max Profit | | ₹ 3,278 |
| Max Loss | | ₹ -11,723 |
| Condition for meeting max profit | Stock price at expiry lies between Strike-Prices of Option 2 and Option 3 | |
| Condition for meeting max loss | Stock Price at expiry > Strike-price of Option4 -OR- Stock Price at expiry < Strike-price of Option 1 | |
| Upper Break-even Price at Expiry | Stock/Index at time of expiry = 9,543.70 | |
| Lower Break-even Price at Expiry | Stock/Index at time of expiry = 8,856.30 | |

Con base en los precios que estaban presentes en las piernas individuales de las posiciones que elegimos, la ganancia potencial máxima que se puede obtener será 3278 y la pérdida potencial máxima que podría obtener si las acciones no salen como le gustaría. , sería 11.723.

Recuerde que con la estrategia del cóndor de hierro, habrá dos puntos que serán el punto de equilibrio. El superior estará en 9543.7 y el inferior será 8856.2. El siguiente diagrama de pérdidas y ganancias mostrará las pérdidas y ganancias que puede obtener en función de los diferentes precios de vencimiento de esta acción durante esta operación.

113

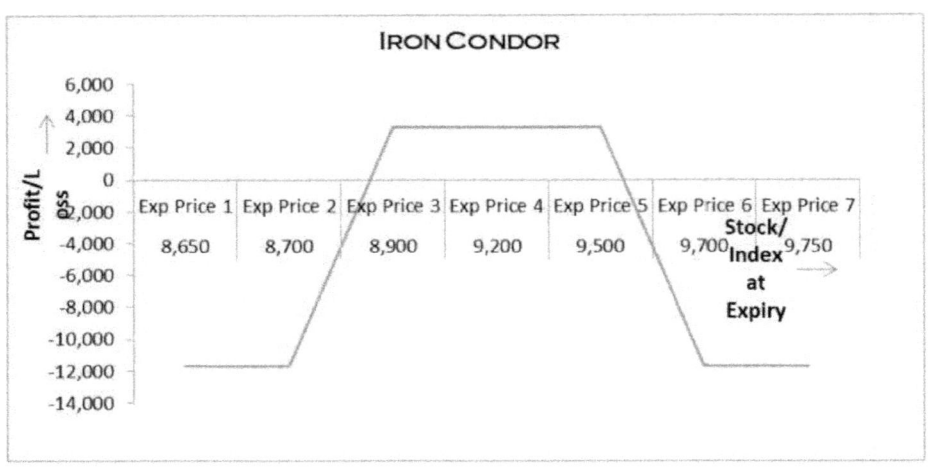

Con este ejemplo, la posición se mantuvo durante tres semanas antes de que el comerciante la cerrara. El comerciante técnicamente tenía dos semanas para mantener las acciones antes de que caduquen, pero en este caso, el comerciante quería poder salir de la operación y liberar su capital para trabajar en otra operación. Además, esta acción había comenzado a subir a un nuevo máximo y existía la posibilidad de que este impulso siguiera subiendo y el comerciante podría haber perdido todas sus ganancias.

Durante estas tres semanas, la acción terminó ganando 250 puntos. A pesar de esto, esta operación aún proporcionó una ganancia del treinta por ciento de la ganancia potencial máxima gracias a la hora del día y debido a la hora de salida. El comerciante todavía estaba a punto de ganar 1024 de este comercio.

El retorno de la inversión en esta opción fue menor. El comerciante estaba a punto de ganar alrededor del 1,25 por ciento en su retorno de la inversión. Por lo general, la estrategia del cóndor de hierro será más efectiva que esta cuando se trata de un buen retorno de la inversión, pero durante el tiempo de la operación, las acciones terminaron moviéndose más de lo esperado. Una operación similar con esta acción

114

generalmente dará al menos un tres por ciento de retorno de la inversión, pero el mercado no fue tan estable como suele ser. Pero el comerciante decidió salir del mercado antes de tiempo para asegurarse de que el mercado no se saliera de sus límites y les hiciera perder dinero en el proceso.

## CAPÍTULO 7: LA ESTRATEGIA de Difusión del Llamado del Oso

El siguiente en la lista es la propagación de la llamada del oso. Esta es otra estrategia direccional que utilizará un comerciante cuando crea que su acción subyacente ha alcanzado su nivel de resistencia superior y no cree que la acción subyacente vaya a subir mucho más en este punto. Por lo general, creen que el punto de precio de las acciones se mantendrá estable y no cambiará o volverá a bajar. Básicamente, esta va a ser la estrategia opuesta de la que hablamos antes con el bull put spread.

Al igual que el diferencial bull put, el diferencial bear call también es un diferencial crediticio. Lo que esto significa es que la prima que termine recibiendo mientras vende una parte de esta operación será mayor que cualquier prima que termine pagando por la segunda parte de la operación. Terminará recibiendo un crédito neto en su cuenta cuando decida optar por este puesto.

El primer paso que debe tomar para crear su diferencial de llamada bajista es seleccionar la acción adecuada que se ajuste a este tipo de estrategia. Descubrirá que hay una variedad de acciones entre las que puede elegir, pero deberá elegir en función de su perspectiva para este tipo de índice.

A continuación, deberá vender una opción de compra OTM de las acciones que seleccionó. Y tercero, debe comprar una opción de compra OTM que tenga la misma fecha de vencimiento y las mismas acciones subyacentes que su identificación con su opción de compra de cajero automático, pero la segunda debe tener un precio de ejercicio más alto.

Una vez que ingrese al mercado, querrá monitorear constantemente su posición todos los días. Una vez que haya obtenido una ganancia considerable, que es aproximadamente el cincuenta por ciento de su ganancia máxima, es hora de salir de su posición. O bien, una vez que haya comenzado a reconocer algunas de las señales del mercado y esté seguro de que la acción no terminará revirtiéndose, puede esperar hasta que la acción alcance su vencimiento y luego tomar la cantidad máxima de ganancias.

Hay algunos períodos de tiempo que son mejores para ingresar un diferencial de llamada bajista que otros. Querría elegir el diferencial de llamada bajista en cualquier momento que crea que es probable que la acción elegida no aumente de precio en el futuro cercano y que esta acción probablemente va a bajar de su precio actual en lugar de subir. Esto puede suceder cuando las acciones de una empresa en particular que tenía grandes expectativas de mercado publicaron sus resultados y estos estuvieron muy por debajo de las expectativas del mercado. Además, la opción de índice podría alcanzar un gran nivel de resistencia y esto podría hacer que baje un poco.

Este método no funcionará tan bien si la acción es realmente volátil y tiene el potencial de subir bastante a corto plazo. Desea elegir algunas opciones que probablemente no suban más. Entonces podría usar el diferencial de llamada bajista y obtener alguna ganancia si las acciones permanecen estancadas o si el precio baja.

La ganancia máxima que podrá obtener con el diferencial de llamada bajista es cuando, en el momento del vencimiento, el precio de las acciones cotiza por debajo del precio de ejercicio de la opción de compra que se vendió. Para obtener la máxima ganancia, deberá tomar la prima recibida o vender la opción de compra de menor precio de ejercicio y menos la prima pagada por comprar la opción de compra de mayor precio de ejercicio. Luego puede multiplicar ambos por el tamaño del lote.

La mayor pérdida en la que incurriría con este tipo de margen es cuando, en el momento del vencimiento, el precio de las acciones se negocia por encima del precio de ejercicio de la opción de compra que compró con el precio de ejercicio más alto. Esta es la razón por la que desea asegurarse de elegir acciones que van a bajar o permanecer estables. Si la acción sube con esta opción, terminará perdiendo dinero en el proceso. Esta es la razón por la que esta estrategia es buena para elegir si cree que el mercado está a punto de bajar o si desea trabajar con una acción que realmente no está aumentando en ese momento.

La mayor ventaja de trabajar con la propagación de la llamada bajista es que garantizará que el decaimiento del tiempo funcione a su favor. Siempre que opte por una acción que pueda mantenerse por debajo de su precio de ejercicio más bajo cuando ocurra el vencimiento, obtendrá el beneficio de mantener todo el crédito que recibió cuando ingresó a esta posición y tiene el potencial de hacer una buena ganancia

Sin embargo, hay una desventaja de trabajar con esta estrategia. Con esta posición, si ve que existe la posibilidad de que la acción haga un gran movimiento que vaya en contra de sus expectativas. Esto significa que las acciones comienzan a subir de precio rápidamente en lugar de permanecer estancadas o bajar como habías previsto. Si esto sucede, la cantidad máxima que podría perder puede ser mucho más que la ganancia máxima que podría haber obtenido con esta estrategia, por lo que existe cierto riesgo.

**Estudio de caso de la propagación de la llamada del oso**

Aquí vamos a ver un estudio de caso de una operación que se realizó en mayo de 2017 para esta estrategia. La acción que se usó para este comercio de opciones es Nifty 50 y el tipo de intercambio que se usó fue el NSE en India. El Nifty 50 es una buena opción porque se considera un índice de referencia en la NSA india. Es un índice bursátil diversificado de 50 y representará 12 sectores de la economía en la India. Tiene una buena estabilidad y la volatilidad que se presenta a diario no es tan alta.

El mercado en este momento había pasado por una larga carrera alcista y estaba a punto de perder fuerza. La acción de Nifty mostraba signos de encontrar cierta resistencia cuando alcanzó la marca de 9500 y no era probable que cruzara esa barrera en el corto plazo . Esto lo convirtió en el valor perfecto para trabajar con el diferencial de llamadas bajistas, asegurándose de que su punto de resistencia fuera 9500.

| Summary Table | | | |
|---|---|---|---|
| Stock or Index Traded | Nifty | | |
| Lot size for each option | 75 | | |
| Option 1 | Strike Price | | 9700.00 |
| Lower-strike Call Option : Sell | Premium Received | | 46.00 |
| Option 2 | Strike Price | | 9900.00 |
| Higher-strike Call Option : Buy | Premium Paid | | 9.80 |
| Difference Between any 2 Consecutive Strikes-prices | | | 50.00 |
| Max Profit | | | ₹ 2,715 |
| Max Loss | | | ₹ -12,285 |
| Condition for maximum profit | Stock/Index price at time of expiry < | | 9700 |
| Condition for maximum loss | Stock/Index price at time of expiry > | | 9900 |
| Break-even | Stock/Index at time of Expiry = | | 9,736.20 |

El primer paso que debe tomar es determinar sus opciones con los precios de ejercicio óptimos para operar. Dado que encontramos que el nivel de resistencia estaba en la marca de 9500 con esta estrategia, se decidió vender una opción OTM que estaba a cuatro strikes del precio al contado de Nifty. Dado que el precio al contado de esta acción estaba en 9500 en el momento de la negociación, las opciones de compra de 9700 Nifty con vencimiento de un mes (por lo tanto, finalizando en junio para esta) se seleccionaron para suscribir y completar la segunda etapa de la negociación, la Se seleccionó 9900 Nifty Call.

Con la ayuda de una calculadora para verificar los deltas, encontraría que el delta de la llamada de strike inferior es de aproximadamente 0,31. Esto implica que corre el riesgo de que el 31 por ciento de la llamada 9700 Nifty llegue a ITM en el momento del vencimiento. Esto es un poco alto para los riesgos de lo que debería hacer, pero dado que este índice parece haber alcanzado su punto máximo, se tomó el riesgo.

Ahora es el momento de vender la opción de compra OTM. La opción de compra de Nifty 9700 que vencía a fines de junio se emitió por $ 46 para completar la

118

primera parte de la operación. Luego, en el tercer paso, la opción de compra de Nifty 9900 que vence a fines de junio se compró por $ 9.80 para completar la segunda etapa de la operación. Aquí hay un gráfico para mostrar lo que sucedió con este tipo de comercio:

Esta tabla muestra que la ganancia máxima que puede obtener será de aproximadamente $ 2,715 si las acciones de Nifty se mantienen en 9700 o por debajo cuando se produzca el vencimiento. Sin embargo, la pérdida máxima que podría ocurrir si la acción sube por encima de 9900 es 12,285. El punto de equilibrio que usaría aquí es el 9736.2 y siempre que su índice termine por encima de este punto al final de la operación, terminará obteniendo ganancias.

Aquí hay un diagrama de pago de pérdidas y ganancias que mostrará las pérdidas y ganancias que podría obtener frente a cinco precios diferentes para el índice al vencimiento.

### Resultados del comercio

Con este estudio de caso, las acciones de Nifty no salieron como esperaba el comerciante. En lugar de bajar a 9500, rompió este nivel de resistencia y subió a 9700. Luego, el comercio se desaceleró y se negoció entre el rango de 9600 y

9700. En una semana, la llamada 9700 que se vendió por 46 había tocado 80 antes de que la prima bajara a 70.

Esta posición comercial quedó en una pérdida neta durante las siguientes dos semanas debido a este desarrollo. Sin embargo, esta acción no fue capaz de mantenerse por encima del nivel de 9700 y dentro de tres semanas, la caída del tiempo trajo cierta erosión a sus opciones. Tres semanas después de esta tendencia de cuatro semanas, las acciones de Nifty bajaron alrededor de 25 puntos en su apertura y se negociaron en 9620. Debido a esto, el comerciante pudo salir de la operación y obtener ganancias.

Con este, el comerciante pudo obtener una ganancia de 1087.50 si salía en la marca de tres semanas en lugar de esperar. Existía alguna posibilidad de obtener más ganancias manteniendo las opciones por un poco más de tiempo y hasta fin de mes. Pero dado que las acciones subieron inesperadamente, es posible que esto vuelva a suceder y es inteligente que el comerciante elija salir temprano del mercado y obtener algunas ganancias en lugar de correr el riesgo de que las acciones vuelvan a subir y pierdan. todas sus ganancias.

El retorno de la inversión en esta opción termina siendo de alrededor del 2,7 por ciento durante las tres semanas. Esto no es muy alto, pero teniendo en cuenta que la acción fue en contra de las expectativas del comerciante, fue mejor que la pérdida que podrían haber encontrado. Esto todavía terminó siendo un comercio rentable para el comerciante, a pesar de que las cosas iban en contra de los deseos del comerciante. En este, las correderías no fueron tan altas, por lo que no se incluyeron en los cálculos que hicimos para facilitar un poco las cosas . Tendrá que pagar algunas tarifas para ingresar a estas operaciones, pero no son demasiado altas y si toma buenas decisiones con esta operación, podrá cubrirlas fácilmente.

## CAPÍTULO 8: LA PROPAGACIÓN DE BULL CALL

Ahora vamos a echar un vistazo a la propagación de la llamada alcista. Esta es otra estrategia direccional que puede usar en cualquier momento que tenga una perspectiva positiva sobre sus acciones y piense que va a tener un aumento moderado a corto plazo. Como encontrará con cualquiera de las otras estrategias que se basan en el margen, las pérdidas y ganancias potenciales se limitarán al usar el margen de llamada alcista. Sin embargo, la mejor ventaja de usar este diferencial es que la cantidad máxima de ganancias que podrá obtener de esta estrategia excederá la cantidad máxima de pérdidas en las que puede incurrir.

El diferencial de llamada alcista es un poco diferente a las otras estrategias que analizamos porque se considera un diferencial de débito. Esto significa que debe pagar lo que se conoce como débito neto para ingresar a la posición. Este diferencial, así como el diferencial de venta bajista del que hablaremos a continuación, son las dos estrategias que puede elegir que brindan un alto porcentaje de rendimiento porque pueden usarse para capitalizar el impulso del mercado y al mismo tiempo asegurarse de que el el riesgo es lo más bajo posible.

Entonces, echemos un vistazo a cómo puede comenzar con esta estrategia. Primero, querrá seleccionar la acción que cumpla con todos los criterios que necesita para operar con éxito con esta estrategia. Una vez que haya elegido la estrategia, debe realizar una compra de una opción de compra ligeramente OTM.

A continuación, debe vender una opción de compra OTM, pero asegúrese de que esta opción de compra tenga un precio de ejercicio que sea aproximadamente uno o dos ejercicios más alto que la opción que compró originalmente. Ambos deben tener la misma fecha de vencimiento y deben usar el mismo stock.

Después de haber realizado las dos compras que desea, debe asegurarse de controlar su posición y observar lo que está haciendo el mercado. Es una buena idea cerrar la posición tan pronto como la operación le haya proporcionado una buena cantidad de ganancias. Esto será cuando la ganancia alcance alrededor del 30 al 40 por ciento de la cantidad máxima que puede obtener en esta operación.

Quizás se esté preguntando cuándo debería elegir usar este tipo de estrategia cuando se trata de operar con opciones. Querrá operar utilizando el diferencial de llamada alcista siempre que el mercado tenga una buena perspectiva para cualquiera que sea la acción que elija. Por ejemplo, si la acción de una empresa ha recibido alguna noticia positiva, como un buen movimiento estratégico de la empresa, un buen resultado de ganancias o alguna otra noticia que aumentaría el crecimiento de la acción.

También puede optar por trabajar con el bull call spread en acciones que se han corregido en exceso y luego han comenzado a mostrar fuertes signos de reversión. Una cosa a tener en cuenta con esta estrategia es que, dado que funciona como una estrategia de débito, el decaimiento del tiempo terminará en su contra. el decaimiento será mucho más lento en comparación con trabajar con una posición de llamada larga desnuda, pero el decaimiento de tiempo no funcionará tan bien como lo hizo con las otras opciones. Esto significa que no es la mejor idea mantener este margen durante más de dos o tres semanas, a menos que vea que la posición sigue ganando después de las dos semanas y que está ganando mucho más de lo que esperaba.

Si ingresa a esta operación y nota que realmente no hay ningún impulso durante las dos semanas o más, es mejor salir de la operación. Puede terminar teniendo una pequeña pérdida al hacerlo, pero al menos puede liberar su capital para usarlo en otras operaciones y no tendrá que preocuparse por perder más dinero de las ganancias.

La principal ventaja de usar este tipo de estrategia es que existe una buena relación entre su recompensa y el riesgo e incluso un movimiento moderado al alza en sus acciones podría ayudarlo a obtener buenas ganancias. También puede aumentar su potencial de ganancias ampliando su margen, lo que significa que aumentaría los precios de ejercicio entre sus dos opciones. También puede elegir reducir su riesgo un poco más al disminuir la cantidad de precios de ejercicio entre las dos opciones. El método que elija dependerá de cuánto riesgo le gustaría tomar y qué tan favorable es el mercado.

Debe recordar que debe trabajar contra el decaimiento del tiempo cuando trabaja con esta estrategia. A pesar de la cantidad limitada de potencial de pérdida con esta estrategia, si está trabajando con una acción que permanece estancada durante mucho tiempo, la posición le hará perder dinero.

**Estudio de caso para el uso de la estrategia bull call spread**

Ahora tomemos un tiempo para ver un caso de estudio de cómo va a funcionar esta estrategia. Para este, vamos a ver un ejemplo que comenzó el 30 de mayo y usaremos Tech Mahindra Limited. Esta acción es la tercera organización de TI más grande de la India y el volumen de negocios del mercado en USD es de cuatro mil millones. Esta es una empresa que tiene varias empresas en todo el mundo.

Tech Mahindra vio ganancias durante el cuarto trimestre que no estuvieron a la altura de las expectativas, a pesar de que sus ingresos continuaron con las expectativas de ingresos. Las acciones, después de enterarse de las noticias de ganancias, cayeron más del 17 por ciento en un día. Esto se considera una corrección excesiva ya que la empresa sigue siendo rentable y una inversión sólida. Además, la bolsa ya había pasado por una corrección el mes anterior.

Esto significa que se espera un rebote para la acción desde ese mínimo actual. Incluso ha habido algunas casas de bolsa que están comprando esta acción, lo que la ha llevado a mostrar algunos signos de reversión. Es probable que se produzca una subida moderada del cinco al diez por ciento en el corto plazo, lo que hace que este sea un buen momento para utilizar el diferencial alcista.

El primer paso que se tomó para esta estrategia es elegir la acción que le gustaría usar. Hay algunos criterios que debe seguir para tomar la decisión correcta con su comercio, que incluyen:

• El riesgo de su posición no debe ser superior al cinco por ciento del capital total asignado. Para este comerciante, el capital disponible iba a ser de unos 175.000.

• La opción de compra de ejercicio inferior que compre nunca debe estar a más del cinco por ciento del precio de mercado de la acción subyacente que en ese momento cotizaba a 383. Esto se debe a que se espera que el aumento en el precio de su acción sea de alrededor del cinco por ciento. al diez por ciento en el corto plazo y usted quiere que el margen de llamada alcista se mantenga en ese rango.

Teniendo en cuenta los criterios anteriores, el comerciante en este caso decidió operar utilizando las opciones de compra 400 y 440.

El siguiente paso es comprar su opción de compra OTM. El comerciante pudo comprar su opción de compra de 400, eligiendo junio como mes de vencimiento, por 7,45. A continuación, querrá vender una opción de compra OTM que tenga un precio de ejercicio más alto. Para esta, subimos dos strikes más que la otra opción de compra para llegar a nuestra opción de compra 440. Este también venció en junio y se vendió a 1.6. Aquí hay parte de la información importante que necesita saber sobre este comercio:

| Summary Table | | | |
|---|---|---|---|
| Stock or Index Traded | | Tech M | |
| Lot size for each option | | 1100 | |
| Option 1 | | Strike Price | 400.00 |
| Lower-strike Call Option : Buy | | Premium Paid | 7.45 |
| Option 2 | | Strike Price | 440.00 |
| Higher-strike Call Option : Sell | | Premium Received | 1.60 |
| Difference Between any 2 Consecutive Strikes-prices | | | 10.00 |
| Max Profit | | | 37,565.00 |
| Max Loss | | | 6,435.00 |
| Condition for maximum profit | | Stock price at time of expiry > Strike Price of Higher-Strike Call option | |
| Condition for maximum loss | | Stock Price at time of expiry < Strike Price of Lower-strike call option | |
| Break-even Price at Expiry | | Stock Price at expiry = | ₹ 405.85 |

Para esta operación en particular, muestra que la cantidad máxima de ganancias que puede obtener con esta operación si las acciones se mantuvieran por encima de 440 en el momento del vencimiento serían 37 565. El riesgo total o la cantidad máxima que el comerciante podría perder es de aproximadamente 6435. El punto de equilibrio será 405.85, por lo que siempre que esta acción pueda negociarse por

124

encima de esta cantidad para cuando ocurra el vencimiento, el comerciante podrá para sacar provecho de su trabajo.

A continuación, vamos a echar un vistazo al diagrama de pago de pérdida de ganancias que mostrará los diferentes puntos de ganancias y pérdidas que se trazan frente a los cinco precios de vencimiento diferentes mientras se usa esta acción en particular.

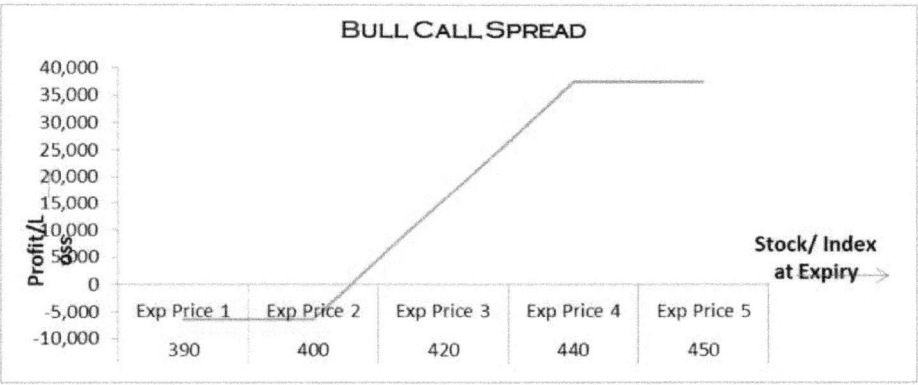

En este comercio, la posición se mantuvo durante unos seis días. Durante este período de tiempo, las acciones terminaron apreciándose en más del diez por ciento. La posición se cerró el seis de junio cuando las acciones alcanzaron la marca de 409 para negociar. Después de ver un fuerte aumento en el precio, la posición le estaba dando al comerciante una buena cantidad de ganancias. Y dado que se suponía que esta ventaja solo duraría un corto período de tiempo, el comerciante decidió que era mejor salir y tomar su dinero. Pudieron cerrar esta operación y obtener una ganancia de 7590.

Este pudo generar un buen retorno de la inversión para el comerciante, especialmente considerando que solo duró seis días. El inversor pudo obtener un retorno de la inversión de alrededor del once por ciento, que ha sido más alto que lo que hemos podido hacer con cualquiera de las otras estrategias comerciales hasta el momento.

# CAPÍTULO 9: EL LARGO STRADDLE/ESTRANGULAR

Otra estrategia con la que puede trabajar es la estrategia de straddle largo y estrangulamiento. Esta estrategia es buena porque tiene el potencial de hacer que el comerciante obtenga cantidades ilimitadas de ganancias, pero hay una cantidad limitada de riesgo. Debe asegurarse de elegir el tipo correcto de acciones para que esta estrategia funcione. Por ejemplo, esta es una buena estrategia con la que trabajar si cree que la acción elegida va a enfrentar mucha volatilidad en el futuro cercano.

En comparación con las otras estrategias de las que hemos hablado hasta ahora en esta guía, el straddle largo se considera una de las estrategias más riesgosas y solo querrá trabajar con él si siente que el movimiento en sus acciones o su índice va a ser bastante grande en el futuro cercano.

Sin embargo, a pesar de que esta estrategia conlleva cierto riesgo, tiene el potencial de ayudarlo a obtener la máxima cantidad de ganancias en comparación con algunas de las otras estrategias también. Esto se debe a que no hay un límite superior en la cantidad de ganancias que puede obtener cuando trabaja con el largo straddle, mientras que las otras estrategias tendrán un límite en las ganancias.

También está la estrangulación larga. Este es similar al straddle largo, pero hay algunas modificaciones que lo hacen un poco diferente. Discutiremos la estrangulación larga un poco más adelante.

Entonces, ejecutar el straddle largo va a ser un poco diferente de lo que pudiste hacer con algunas de las otras estrategias de las que hemos hablado. Lo primero que debe hacer es elegir el stock que le gustaría hacer. Para ver el éxito, debe elegir una acción que muestre mucha volatilidad en el futuro cercano, o no obtendrá buenos resultados.

Después de haber elegido la acción con la que desea trabajar, debe comprar una opción de compra en cajero automático de esta acción. Luego, debe comprar una opción de venta de cajero automático que tenga las mismas acciones y la misma fecha de vencimiento que la opción de compra que compró en el paso anterior.

Cuando haya terminado de hacer todas sus compras, querrá observar su comercio muy de cerca. Cuando vea el gran movimiento de precios que estaba observando, es hora de cerrar las piernas al mismo tiempo. Esta es otra estrategia que tendrá que luchar contra el problema del decaimiento del tiempo y este decaimiento del tiempo afectará a ambas opciones, por lo que es mejor no aferrarse a este tipo de estrategia durante unos días.

Una cosa a tener en cuenta es que los precios de ejercicio de sus opciones de venta y de compra deben ser los mismos cuando se realiza el comercio straddle. Sin embargo, esto puede ser difícil de hacer al iniciar una operación y es posible que no pueda comprar las opciones cuando el precio de mercado de las acciones no coincide con el precio de ejercicio elegido. Al realizar esta operación, es posible que el precio de mercado de la acción elegida termine ligeramente por encima o por debajo del precio de ejercicio de su opción. Esto significa que puede terminar con una opción que es ligeramente OTM y la otra termina siendo ligeramente ITM cuando inicia este tipo de operación. Esto está bien siempre que los mantenga lo más cerca posible del cajero automático.

El largo straddle and strangle es una estrategia que se supone que solo debe usar en raras ocasiones y solo cuando cree que va a haber un aumento o una caída repentino y grande en la acción que desea elegir, generalmente siguiendo algún factor externo. Incluso en este tipo de operación, cuando ingresa a la posición larga de straddle, debe asegurarse de que la volatilidad no sea demasiado alta. La mayoría de los comerciantes se quedarán con una acción o un índice que tenga menos del 60 por ciento de la volatilidad histórica. La razón por la que debe tener cuidado con esto es porque si hay una gran caída en la volatilidad de las acciones, incluso después de que el movimiento de precios vaya como usted desea, esta caída en la volatilidad terminará perjudicando cuánto beneficio que puede obtener.

Idealmente, el straddle largo se puede negociar cuando hay una gran toma de decisiones o un cambio de política en la empresa, especialmente uno que tendrá un gran impacto en las acciones de esa empresa y que podría hacer que bajen o suban muy rápidamente en unos pocos días. Algunas de las situaciones que pueden resultar en que las condiciones sean adecuadas para el straddle largo incluyen:

• Los resultados trimestrales o anuales de una empresa saldrán en los próximos días y la gente tiene grandes expectativas con respecto a ellos.

• Próximamente se tomará una decisión importante sobre la empresa que debe las acciones. Esto podría incluir una decisión para que la empresa cambie su administración o se fusione con otra empresa.

• Pronto saldrá un gran anuncio que hablará sobre un gran dividendo o una emisión de bonificación.

Si está trabajando con un índice de referencia, hay muchas situaciones que podrían hacer que suba o baje. Algunos de estos incluirían los anuncios del presupuesto anual de la empresa, cuándo la empresa va a tomar alguna nueva decisión de política monetaria, cuándo hay algunas elecciones importantes en la gestión de la empresa e incluso algunas decisiones socioeconómicas importantes. Si ve que algo de esto va a suceder con la acción subyacente, puede ser el momento de trabajar con esta posición.

Por otro lado, si ve que la acción que eligió cotiza en un rango bastante estrecho, o si cree que la perspectiva de esa acción es bastante neutral (sin mucho movimiento, incluso si es negativa o positiva) a corto plazo , entonces la estrategia long straddle no es la adecuada para ti. También debe ser una estrategia que evite si la volatilidad es alta, incluso si existe algún potencial de movimiento.

cuando entra en la posición larga de straddle, es una buena idea salir de esta posición una vez que vea que hay una gran subida o bajada en su posición y que está obteniendo beneficios. Es común que muchas personas permanezcan en el mercado demasiado tiempo con esta estrategia y, si mantiene esa posición demasiado tiempo, podría terminar perdiendo las ganancias que obtenga, gracias a la posibilidad de una caída en la volatilidad o debido a la problema de decaimiento del tiempo.

La principal ventaja que verá cuando trabaje con el straddle largo es que tiene el potencial de obtener ganancias ilimitadas tan pronto como los cruces comerciales superen el punto de equilibrio, sin importar en qué dirección vaya. el straddle es a menudo se usa para obtener ganancias incluso cuando una acción es volátil en el mercado sin tener que preocuparse por predecir en qué dirección se moverá la

128

acción y por cuánto tiempo. Las acciones volátiles a menudo suben y bajan bastante rápido y es difícil saber qué camino tomar. Con esta estrategia, tendrá la oportunidad de beneficiarse de las subidas y bajadas de sus acciones en función de los puntos que elija.

Otro beneficio que puede encontrar con la posición de straddle es que limitará la cantidad de riesgo al que está expuesto. La cantidad de riesgo que enfrentará es la cantidad total de la prima que pagó cuando decidió entrar en el comercio con esta acción.

La mayor desventaja que conlleva el uso del straddle largo es que tendrá que lidiar con el problema del decaimiento del tiempo. De hecho, el problema del decaimiento del tiempo podría afectar a ambos lados de su comercio straddle, la compra y la venta, por lo que este problema se agrava y puede causarle más problemas de los que tendría con otras estrategias.

Otra desventaja de usar este tipo de posición para obtener ganancias es que puede ser un poco difícil. Para obtener una ganancia, debe predecir correctamente que la acción elegida tendrá un movimiento muy pronunciado, ya sea hacia arriba o hacia abajo, en un período de tiempo bastante corto.

# El largo estrangulamiento

Antes de ver cómo hacer que esta estrategia funcione, también debemos ver de qué se trata el estrangulamiento largo. Esta estrategia es muy similar al long straddle, pero en lugar de comprar una opción de compra y venta en cajero automático con el mismo precio de ejercicio, el comerciante elegirá comprar una opción de compra y venta ligeramente OTM por las mismas acciones y la misma fecha de vencimiento.

La ventaja de optar por este strangle largo en lugar del straddle largo es que la cantidad de la prima que tendrá que pagar por sus primas será menor que la que tendrá que pagar con el straddle largo. Sin embargo, para que la estrangulación larga funcione, necesitará que el movimiento en el mercado sea mucho más grande para recuperar sus costos.

Los comerciantes se beneficiarán usando la posición larga cada vez que vean un movimiento brusco en sus acciones, similar al uso de la posición larga a horcajadas, y aún tiene un potencial para obtener ganancias ilimitadas. Sin embargo, con esta estrategia, la pérdida máxima ocurrirá si el precio de la acción se establece entre el precio de ejercicio de la opción call y put cuando llegue el momento del vencimiento. Sin embargo, la pérdida máxima, tanto en el straddle como en el strangle, serán las primas que pagó por las opciones put y call.

**Estudio de caso utilizando el largo straddle y estrangular**

Aquí vamos a echar un vistazo a un caso de estudio usando la estrangulación larga para obtener ganancias en las opciones. Este se ingresó el 8 de noviembre de 2016 y el comerciante utilizó las acciones de Nifty 50.

Durante este tiempo, hubo un gran cambio político en todo el mundo y se estimó que esto tendría algún tipo de impacto en los mercados globales, al menos a corto plazo. Eran las elecciones estadounidenses y mucha gente no estaba segura de quién ganaría. Una victoria de los demócratas podría agregar un sentimiento positivo al mercado y se esperaba que la victoria del candidato republicano hiciera lo contrario. De cualquier manera, en ese momento parecía que los mercados de todo el mundo harían un gran cambio, ya sea subiendo o bajando bruscamente. Debido a las condiciones, parecía el momento perfecto para trabajar con la estrategia larga de straddle and strangle.

El primer paso que desea hacer con esto es elegir una buena opción para negociar. Para este caso, el negociado decidió usar el índice Nifty y usar la estrategia de estrangulamiento largo. En ese momento, el índice Nifty cotizaba a 8530, lo que significaba que la opción de compra OTM más cercana sería 8550 y la opción de venta OTM más cercana sería 8500. Estas dos fueron las seleccionadas para la operación y el comerciante decidió elija una fecha de vencimiento del 24 de noviembre porque este fue el servicio mensual que vence más temprano.

En ese momento, la volatilidad de este índice era mucho más alta de lo habitual en 14,9, el comerciante decidió que valía la pena correr el riesgo porque se suponía que la volatilidad de todo el mercado aumentaría aún más antes de que ocurrieran los grandes cambios, lo que hacer que las opciones sean más caras en general.

Entonces, el segundo paso que debe hacer es comprar su opción de compra ligeramente OTM, que sería el Nifty 8550. Esto se compró por 130. Luego puede comprar la opción de venta ligeramente OTM. Este fue el Nifty 8500 y se compró o 90. Echemos un vistazo a la tabla a continuación para ver un pequeño resumen de las opciones que el comerciante utilizó en este comercio.

| Summary Table | | |
|---|---|---|
| Stock or Index Traded | Nifty | |
| Lot size for each option | 75 | |
| Option 1 | Strike Price | 8550 |
| ATM Call Option - Buy | Premium Paid | 130.00 |
| Option 2 | Strike Price | 8500 |
| ATM Put Option - Buy | Premium Paid | 90.00 |
| Difference Between 2 Consecutive Strikes | 50 | |
| Max Profit | No Limit | |
| Max Loss | 16,500 | |
| Condition for maximum profit | No Upper Limit for Profits | |
| Condition for maximum loss | For Straddle: Stock Price at expiry = Strike Price of Options | |
| | For Strangle: Stock Price at expiry lies between Strike Prices of Option 1 & Option 2 | |
| Break-even Points | Upper | Stock price at Expiry = 8,770.00 |
| | Lower | Stock price at Expiry = 8,280.00 |

Para este comercio, el comerciante puede obtener una ganancia máxima ilimitada, pero tiene una pérdida máxima. Aquí, el potencial del comerciante sería de 16.500 si terminan equivocándose. Este monto será el monto de la prima que pagaron para comprar las dos opciones.

131

También sabrá que para esta operación, hay dos puntos de equilibrio porque es posible que la operación obtenga ganancias sin importar en qué dirección se desplace el mercado. El punto de equilibrio superior será 8770 y el punto de equilibrio inferior será 8280.

A continuación se muestra el diagrama de pago de pérdida de ganancias. Va a mostrar la ganancia y la pérdida que se traza frente a los distintos precios de vencimiento de las acciones que elija.

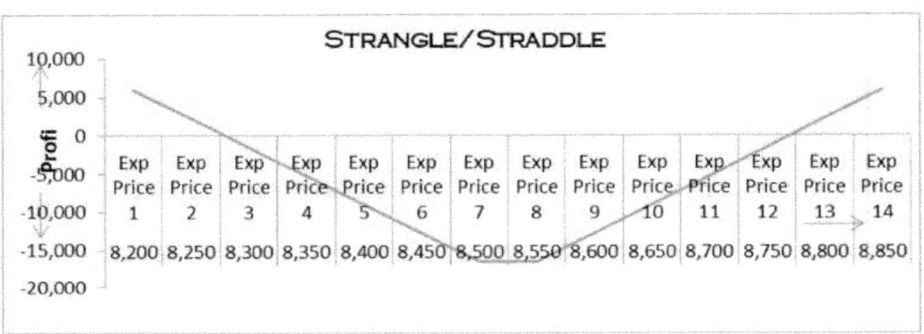

Ahora echemos un vistazo a los resultados que el comerciante pudo obtener de estas operaciones. Este comercio se llevó a cabo durante tres días. Luego, el 11 de noviembre, una vez contados los votos electorales en Estados Unidos y ganados los republicanos, la bolsa de India reaccionó negativamente y el índice elegido cayó más de 300 puntos. Debido a esta fuerte caída, el índice Nifty, gracias al largo straddle, se siente con grandes ganancias. Ambas posiciones terminaron cuadrando espalda con espalda antes de que cerrara el día de negociación y se registraran las ganancias.

Sin embargo, es importante saber exactamente cuándo salir del mercado con este tipo de operación. Si bien el mercado cayó rápidamente justo después de que se publicaron los resultados de las elecciones, este sentimiento negativo solo duró un día y el mercado no tardó mucho en volver a subir al día siguiente. Si el comerciante se hubiera quedado en el mercado un día más, la subida del mercado habría significado que habría perdido todo su dinero. La caída de la volatilidad y el problema del decaimiento del tiempo habrían hecho que el comerciante saliera

132

perdiendo. Pero salieron del mercado en el momento adecuado y obtuvieron una buena cantidad de ganancias.

La cantidad total que el comerciante decidió gastar en esta inversión para ambas posiciones terminó siendo 16.500. Al final, obtuvieron una ganancia neta de 11.250. Esto significa que obtuvieron un retorno de la inversión del 68 por ciento en solo tres días.

Si bien este tuvo un gran retorno de la inversión, debe tener cuidado con la volatilidad y debe saber cuándo salir del mercado. Si el comerciante hubiera permanecido en el mercado un poco más, habría perdido mucho dinero en lugar de obtener una ganancia en el proceso. Es difícil trabajar con estos mercados porque suben y bajan muy rápido, pero si puede adivinar el momento adecuado para salir y elige los precios de ejercicio correctos, puede obtener ganancias ilimitadas en el proceso.

## ESTRATEGIA BEAR PUT SPREAD

Hasta ahora, esta guía ha dedicado algún tiempo a hablar sobre algunas de las estrategias que puede usar para tener éxito en el comercio de opciones. El siguiente que vamos a discutir es el bear put spread. Esta es otra estrategia direccional que querrá emplear cada vez que tenga una perspectiva negativa sobre la acción elegida. Esto significa que está mirando una acción y espera que en el futuro cercano caiga moderadamente. Este es otro diferencial de débito, al igual que el diferencial de llamada alcista que discutimos anteriormente, lo que significa que usted estará a cargo de pagar un débito para ingresar a la posición.

Para comenzar con este tipo de estrategia, querrá seleccionar las acciones adecuadas que se ajusten a los criterios necesarios para esta estrategia. Recuerde que para esta estrategia, desea tener una perspectiva negativa sobre la acción elegida. Usted quiere una acción que vaya a bajar por algún motivo, ya sea que haya escuchado malas noticias sobre la acción o que haya algo más que vaya a hacer bajar el valor de su acción.

Una vez que haya podido elegir la acción correcta, deberá comprar una opción de venta ligeramente OTM. También querrá vender una opción de venta OTM, asegurándose de que el precio de ejercicio termine siendo uno o dos precios de ejercicio más bajos que la opción que compró en el primer paso. También querrás asegurarte de elegir los que tengan el mismo stock y la misma fecha de caducidad que los que hiciste en el primer paso.

Una vez que haya terminado con todas estas operaciones, querrá asegurarse de controlar su posición y observar lo que sucede. Luego, querrá salir de ambas posiciones una vez que lo hayan ayudado a recibir una ganancia significativa, que es aproximadamente del 30 al 40 por ciento de la ganancia potencial máxima.

Este va a funcionar de manera similar a lo que pudiste hacer con la propagación de la llamada alcista. Si decide aumentar el diferencial, aumentará la cantidad de ganancias potenciales que puede obtener, pero también aumenta los riesgos a los que se enfrenta. Además, puede optar por disminuir el margen, el riesgo también disminuirá, pero también limitaría la cantidad de ganancias que podría obtener potencialmente en la operación.

Hay algunas ocasiones en las que elegirá operar utilizando el diferencial de venta bajista. Querrá optar por este tipo de estrategia cuando el mercado tenga una perspectiva bastante negativa sobre las acciones que desea utilizar. Por lo general, esto sucederá cuando ocurra algún acontecimiento, como que la empresa no obtenga las ganancias que debería o que la organización haya realizado nuevos cambios o decisiones que los inversionistas no consideraron favorablemente.

Algunas personas optan por operar con este tipo de estrategia cuando la empresa forma parte o vende bajo presión. No quieren vender, pero está pasando algo que les hará sentir que necesitan vender. Por ejemplo, puede haber algunas condiciones ambientales o de mercado que sean desfavorables para la empresa que surgió y está cambiando de empresa.

Recuerde que dado que el diferencial de venta bajista se considera una estrategia de diferencial de débito, tendrá que trabajar con el decaimiento temporal y irá en contra de su posición general, aunque este tipo de decaimiento se considera mucho más lento de lo que ocurrirá. ocurrir con una posición put larga desnuda.

Cuando se trata de las desventajas y ventajas, este margen terminará siendo bastante similar al margen de llamada alcista. La principal ventaja que viene con este comercio es que la relación entre riesgo y recompensa es bastante buena e incluso una disminución moderada en una acción aún puede ayudarlo a obtener buenas ganancias.

También podrá aumentar la cantidad de ganancias que potencialmente podría obtener al ampliar el diferencial. Para hacer esto, querrá aumentar el precio de ejercicio que ocurre entre sus dos opciones. También puede optar por reducir su riesgo para ayudarlo como principiante y, al hacerlo, disminuirá la propagación. Para disminuir el riesgo, querrá disminuir la cantidad de precios de ejercicio que se producen entre las dos opciones.

La mayor desventaja que viene con esta estrategia es lidiar con el decaimiento del tiempo que funcionará en contra de la posición. Y aunque hay una cantidad limitada de pérdida potencial, si la acción termina estancada durante un largo período de tiempo, la posición terminará con una pérdida.

**Estudio de caso utilizando una estrategia de diferencial de venta bajista**

Echemos un vistazo a cómo va a funcionar la estrategia bear put spread. Para este estudio de caso, el comercio se ingresa el 18 de mayo y vamos a usar Nifty 50 nuevamente y nos quedarán alrededor de siete días hasta el vencimiento para este tipo de opción.

Hay una serie de razones por las que querrías usar esto para la estrategia de diferencial de venta bajista. Durante el último mes, el índice Nifty ha mostrado una buena cantidad de aumento, un aumento que ha ido en línea con algunas de las señales globales positivas en el mercado. Sin embargo, todavía hay una fuerte resistencia en la marca de 9500 y, aunque el mercado ha permitido que esta acción se mantenga en esta marca durante un tiempo, no muestra signos de poder superar esa marca. También cotiza en un rango estrecho, por lo que es perfecto para esta opción.

135

Dado que faltan menos de siete días para el vencimiento del contrato de opciones del mes de mayo, parece que se produciría una reserva de ganancias y podría haber algunas correcciones en el corto plazo. Además, esta acción tiene algunas primas de opciones que son baratas, ya que solo faltan unos días para el vencimiento y se puede ingresar un margen de venta alcista con una cantidad baja de riesgo y, al mismo tiempo, ser bastante exitoso para usted.

Entonces, echemos un vistazo a algunos de los pasos que debe seguir para finalizar esta operación. Lo primero que debe hacer es elegir la opción correcta y las acciones con las que desea operar. Para esta estrategia, hay algunas condiciones que deben cumplirse para asegurarse de que tendrá éxito, que incluyen:

• El riesgo total de su posición nunca debe ser superior al tres por ciento de la cantidad total de capital que tiene que utilizar. Dado que solo quedan siete días hasta el vencimiento de esta opción, los precios de estas opciones se le proporcionarán con un descuento, por lo que no hay realmente una razón para arriesgarse tanto como lo haría con algunas de las otras estrategias que tenemos. elegido.

• Dado que solo esperamos una corrección moderada de menos de 100 puntos con esta acción, la opción de venta de ejercicio ligeramente más alta OTM no debería estar más de 30 a 40 puntos por debajo del precio de mercado de la acción elegida. En el momento de la operación, el precio de mercado era 9460.

Si tiene en cuenta los criterios anteriores, el comerciante decidiría negociar la opción de venta 9450 y la opción de venta 9300, con compras de 40,75 y 13 respectivamente. El riesgo total para este va a ser alrededor de 2081, lo que termina siendo alrededor del 1,2 por ciento del capital disponible para este operador. Esto es más bajo que el tres por ciento recomendado, por lo que se mantiene dentro de los límites que se le otorgan.

El segundo paso que debe tomar es comprar la opción de venta OTM. para éste se compró el 9450 PE, con vencimiento en mayo, a 40,75. También querrá vender una opción de venta OTM que tenga un precio de ejercicio más bajo. El 9300 PE para Nifty, que está tres strikes por debajo del 9450 del que hablábamos antes. Aquí hay un resumen de la posición comercial que el comerciante usó para esta

| Summary Table | | |
|---|---|---|
| Stock or Index Traded | Nifty | |
| Lot size for each option | 75 | |
| Option 1 | Strike Price | 9450 |
| Higher-strike Put Option - Buy | Premium Paid | 40.75 |
| Option 2 | Strike Price | 9300 |
| Lower-strike Put Option - Sell | Premium Received | 13.00 |
| Difference Between any 2 Consecutive Strikes-prices | 50.00 | |
| Max Profit | 9,169 | |
| Max Loss | 2,081 | |
| Condition for maximum profit | Stock price at time of expiry < Strike Price of lower-Strike put option | |
| Condition for maximum loss | Stock Price at time of expiry > Strike Price of higher-strike put option | |
| Break-even | Stock Price at expiry = | ₹ 9,422.25 |

estrategia a continuación:

Saliendo de la información que se menciona arriba, la ganancia máxima que podrá obtener si esta acción cae por debajo de 9300 en el momento de su vencimiento, sería 9168.75. Y luego, la cantidad máxima que el comerciante perdería si la acción sube o se mantiene por encima de 9450 en el momento del vencimiento sería 2081,25. El precio de equilibrio que debe alcanzar para obtener al menos algún tipo de beneficio sería 9422,25.

Echemos un vistazo al diagrama de pago de pérdidas y ganancias a continuación para encontrar las pérdidas y ganancias de este tipo de comercio frente a cinco precios de vencimiento diferentes para esa acción en particular.

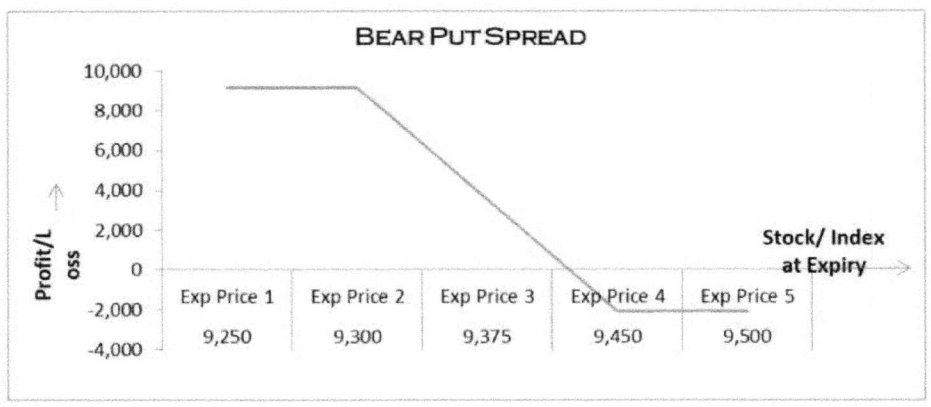

**BEAR PUT SPREAD**

| | Exp Price 1 | Exp Price 2 | Exp Price 3 | Exp Price 4 | Exp Price 5 |
|---|---|---|---|---|---|
| | 9,250 | 9,300 | 9,375 | 9,450 | 9,500 |

Echemos un vistazo a los resultados de la operación. Después de estar en el mercado o un día, esta acción termina bajando más de sesenta puntos, lo que significa que el precio de ambas opciones de venta subió. Dado que el comerciante no pensó que la acción iba a pasar y corregirse mucho más y que podría revertir su movimiento en poco tiempo, la posición se cerró al cuadrar ambas piernas en esta operación y se registró la ganancia. El comerciante podría haber realizado y permanecer en la operación, pero cada vez era más probable que la posición volviera a subir y luego el comerciante terminaría perdiendo dinero de su posición, por lo que era mucho mejor abandonar la operación desde el principio.

El retorno de la inversión fue decente en este. La relación entre la pérdida neta o la ganancia neta y la suma total que se invierte en la operación lo ayudará a conocer el retorno de la inversión o el porcentaje de ganancia en esta operación. Dado que el comerciante pudo poner 40,000 en este comercio y pudo obtener una ganancia neta de 2,265.

Al dividir la ganancia por la cantidad total de inversión que el comerciante hizo para la operación, la relación de ganancia será de alrededor del cinco por ciento. Esta es una cantidad decente de retorno de la inversión considerando que permaneció en el mercado solo uno o dos días como máximo. Es posible que haya podido obtener más ganancias a largo plazo, pero es posible que la posición también haya cambiado, haciendo que el comerciante pierda todo su dinero en el proceso. Es mucho mejor salir rápidamente, sobre todo porque la fecha de caducidad está cerca en el futuro, para empezar.

### CAPÍTULO 11: USO DE LAS HOJAS DE TRABAJO

Comenzar con el comercio de opciones puede ser un buen momento para ver crecer sus ingresos y ayudarlo a ganar algo de dinero sobre qué tan bien le está yendo al mercado de valores en un corto período de tiempo. Hay muchas opciones entre las que puede elegir cuando se trata de operar, pero debe asegurarse de que está utilizando la estrategia que es mejor para usted.

Si bien el comercio de opciones puede ayudarlo a ganar algo de dinero en un corto período de tiempo, comenzar puede ser un poco difícil. Las siguientes hojas de trabajo lo ayudarán a obtener los mejores resultados de sus operaciones, incluso

| Summary Table | | |
|---|---|---|
| Stock or Index Traded | | |
| Lot size for each option | | |
| Option 1 | Strike Price | |
| Lower-strike Call Option: Sell | Premium Received | |
| Option 2 | Strike Price | |
| Higher-strike Call Option: Buy | Premium Paid | |
| Difference Between any 2 Consecutive Strikes-prices | | |
| Max Profit | | |
| Max Loss | | |
| Condition for maximum profit | Stock/Index price at time of expiry < | |
| Condition for maximum loss | Stock/Index price at time of expiry > | |
| Break-even | Stock/Index at time of Expiry = | |

como principiante.

139

**Propagación de llamada de oso**

Este es un gráfico que puede consultar para determinar los precios y costos que obtendrá para cada acción con la que desee trabajar en esta estrategia. Puede ver la ganancia máxima, la pérdida máxima y usar esta tabla para determinar si esa acción funcionaría con este tipo de estrategia o si necesitaría usar una acción diferente.

# Cóndor de Hierro

El Cóndor de Hierro es una gran estrategia con la que puede trabajar si desea poder limitar sus pérdidas y tener la oportunidad de ganar dinero sin importar hacia dónde se desplace el mercado. Este funciona bien con acciones que son relativamente estables o se mantendrán dentro de un cierto rango para el rango de vencimiento. Use esta tabla para ayudarlo a comenzar a usar la estrategia Iron Condor.

# Margen de venta alcista

Si está interesado en trabajar en una estrategia bull put spread, esta tabla lo ayudará a mantener su información unida y obtener los mejores resultados.

**Propagación de llamada de toro**

| Summary Table | | |
|---|---|---|
| Summary Table | | |
| Stock or Index Traded | | |
| Lot size for option | | |
| Option 1 ( Higher-strike OTM Put : Sell) | Strike Price | |
| | Premium Received | |
| Option 2 (Lower-strike OTM Put : Buy) | Strike Price | |
| | Premium Paid | |
| Difference Between any 2 Consecutive Strikes-prices | | |
| Potential Max Profit | | |
| Potential Max Loss | | |
| Condition for meeting max profit | Stock/Index price at expiry >= | |
| Condition for meeting max loss | Stock/Index price at expiry <= | |
| Break-even | Stock/Index Price at expiry = | |
| | Stock Price at expiry < Strike-price of Option 1 | |
| Upper Break-even Price at Expiry | Stock/Index at time of expiry = | |
| Lower Break-even Price at Expiry | Stock/Index at time of expiry = | |

El diferencial de llamada alcista será similar al diferencial de venta alcista, pero este gráfico lo ayudará a mantener las dos estrategias separadas para obtener los mejores resultados al operar.

**Bear Put Propagación**

| Summary Table | | |
|---|---|---|
| Stock or Index Traded | | |
| Lot size for each option | | |
| Option 1 Lower-strike Call Option : Sell | Strike Price | |
| | Premium Received | |
| Option 2 Higher-strike Call Option : Buy | Strike Price | |
| | Premium Paid | |
| Difference Between any 2 Consecutive Strikes-prices | | |
| Max Profit | | |
| Max Loss | | |
| Condition for maximum profit | Stock/Index price at time of expiry < | |
| Condition for maximum loss | Stock/Index price at time of expiry > | |
| Break-even | Stock/Index at time of Expiry = | |

142

| Summary Table | | |
|---|---|---|
| Stock or Index Traded | | |
| Lot size for each option | | |
| Option 1 Higher-strike Put Option - Buy | Strike Price | |
| | Premium Paid | |
| Option 2 Lower-strike Put Option - Sell | Strike Price | |
| | Premium Received | |
| Difference Between any 2 Consecutive Strikes-prices | | |
| Max Profit | | |
| Max Loss | | |
| Condition for maximum profit | Stock price at time of expiry < Strike Price of lower-Strike put option | |
| Condition for maximum loss | Stock Price at time of expiry > Strike Price of higher-strike put option | |
| Break-even | Stock Price at expiry = | |

Aquí hay una hoja de trabajo que puede ayudarlo cuando sea el momento de trabajar con la estrategia bear put. Asegúrese de seguir las reglas que acompañan a esta estrategia, para obtener los mejores resultados.

**Largo a horcajadas/estrangular**

El largo straddle/strangle puede ser una opción arriesgada, pero si sabe que el mercado va a hacer grandes cambios en el futuro cercano, esta puede ser la opción adecuada . Aquí está la hoja de trabajo que puede usar para asegurarse de que está

143

realizando esta estrategia de una manera que lo ayudará a ganar la mayor cantidad de dinero.

| Summary Table | | | |
|---|---|---|---|
| Stock or Index Traded | | | |
| Lot size for each option | | | |
| Option 1 ATM Call Option - Buy | Strike Price | | |
| | Premium Paid | | |
| Option 2 ATM Put Option - Buy | Strike Price | | |
| | Premium Paid | | |
| Difference Between 2 Consecutive Strikes | | | |
| Max Profit | | | |
| Max Loss | | | |
| Condition for maximum profit | No Upper Limit for Profits | | |
| Condition for maximum loss | For Straddle: Stock Price at expiry = Strike Price of Options | | |
| | For Strangle: Stock Price at expiry lies between Strike Prices of Option 1 & Option 2 | | |
| Break-even Points | Upper | Stock price at Expiry = | |
| | Lower | Stock price at Expiry = | |

## CONCLUSIÓN

Gracias por llegar hasta el final de este libro. Esperemos que haya sido informativo y capaz de brindarle todas las herramientas que necesita para lograr sus objetivos, sean cuales sean.

El siguiente paso es decidir si le gustaría entrar en el comercio de opciones o no. Esta puede ser una oportunidad de inversión emocionante y puede ayudarlo a ganar mucho dinero en el proceso, pero requiere algo de tiempo y esfuerzo para completarla. No todo el mundo va a ver resultados cuando se trata de trabajar con el comercio de opciones, pero si sigue algunas de las sugerencias de esta guía y utiliza las estrategias y los estudios de casos que se presentaron, estará bien equipado para ver cómo funciona cada estrategia. en la vida real y ganar algo de dinero.

Esta guía tomó algún tiempo para trabajar en el comercio de opciones y mostrarle algunos ejemplos de la vida real de cómo puede funcionar cada estrategia. Mientras que otros libros pueden dedicar algún tiempo a hablar sobre las opciones y algunas de las estrategias, a veces es difícil entender cómo funciona cada una y cómo debe usarlas. Esta guía lo ayuda a dar el siguiente paso para que realmente pueda ver el éxito con el comercio de opciones.

Hay muchas opciones diferentes que puede tomar cuando se trata de elegir sus propias oportunidades de inversión, pero las opciones pueden ser una excelente opción para muchas personas que desean minimizar sus riesgos y aun así recibir una buena cantidad de ganancias. Asegúrese de leer esta guía cuando esté listo para comenzar para que pueda ver mucho éxito en poco tiempo.

Finalmente, si encontró este libro útil de alguna manera, ¡siempre se agradece una reseña en Amazon!

## INTRODUCCIÓN

Felicitaciones por descargar *Trading Options: Advanced Trading Strategies and Technicals* y gracias por hacerlo. Expandirse al mercado de opciones es una excelente manera para aquellos que ya están familiarizados con un mercado de inversión existente para expandir su alcance sin tener que empezar desde cero. Sin embargo, esto no significa que un poco de investigación no pueda hacer daño, que es donde entra este libro.

En su interior encontrará todo lo que necesita saber para abordar el mercado de opciones de la forma más eficaz posible. Primero, aprenderá todo sobre los conceptos básicos del comercio de opciones antes de conocer algunos de los fundamentos que debe tener en cuenta, incluidos los griegos y la volatilidad implícita. A continuación, encontrará más de 40 estrategias para comerciantes de todos los niveles, distribuidas en varios capítulos desglosados por tema general. Encontrará estrategias que todo trader debería conocer, así como estrategias especializadas para operar con spread, operar con bandas de Bollinger, operar con opciones binarias, operar con indicadores técnicos y estrategias para aprovechar una mala situación.

Hay muchos libros sobre este tema en el mercado, ¡gracias de nuevo por elegir este! Se hizo todo lo posible para garantizar que esté lleno de la mayor cantidad de información útil posible, ¡disfrútelo!

## CAPÍTULO 1: LAS OPCIONES SON ÚNICAS

Las opciones son únicas entre todos los muchos tipos de valores en el sentido de que cada una brinda la oportunidad, pero no la obligación, de comprar o vender el activo subyacente al que están relacionadas por un precio fijo durante un período de tiempo determinado. Cada opción es esencialmente un tipo de contrato que es vinculante de una manera muy limitada y específica. Si bien todo esto puede parecer terriblemente complicado, millones de personas en todo el mundo aplican los mismos principios todos los días cuando firman la documentación para comprar una propiedad sin haber sido preaprobados para un préstamo. Mientras esa documentación se considere válida, los compradores no necesitan preocuparse por tener que pagar más si el mercado mejora y los vendedores no necesitan preocuparse por obtener menos ganancias si los precios del mercado bajan antes de que las llaves cambien de manos.

La conclusión clave aquí es que una opción es simplemente un contrato que se relaciona con un activo asociado, lo que lo convierte en un tipo de derivado, que es cualquier tipo de valor que no tiene un valor innato por sí mismo. Esto incluye cosas como índices o acciones, pero no materias primas. Cuando a los empleados se les ofrece la oportunidad de comprar acciones de la empresa en un punto fijo, ese es otro tipo de opción. En total, cada tipo de opción se puede dividir en dos categorías, las que son puts y las que son call.

*Call:* una opción de compra permite a su propietario comprar un activo específico a un precio fijo y es similar a tomar una posición larga en una acción específica. Si compra una opción de compra, querrá que el activo subyacente aumente drásticamente en el tiempo que la opción sea válida.

*Put:* una opción de venta permite a su propietario vender un activo subyacente dado a un precio específico en un plazo específico que los hace más similares a una acción corta. Si compra una opción de venta, le preocupará que un activo subyacente que ya posee experimente una fuerte disminución o lo espere.

*Tipos de comerciantes de opciones:* aquellos que compran y venden activamente en el mercado de opciones generalmente se pueden dividir en 4 categorías diferentes. Los que compran las opciones a menudo se denominan tenedores y los que venden se denominan escritores. Los emisores y tenedores suelen centrarse en opciones de compra o de venta, aunque también hay quienes optan por ambos lados. La mayor diferencia entre los escritores y los tenedores es que los tenedores pueden comprar o vender dependiendo de cómo vaya el mercado, mientras que los escritores deben aceptar lo que quiere el tenedor, incluso si no es lo mejor para ellos.

**Jerga de comercio de opciones**

Para operar de manera efectiva en el mercado de opciones, deberá estar familiarizado con numerosas frases clave.

*Precio de ejercicio:* El precio de ejercicio es la cantidad por la que las acciones subyacentes a la opción pueden venderse o comprarse en última instancia según el acuerdo de la opción.

*Ejercida:* Cuando el tenedor determina que el acuerdo en una opción específica es en su mejor interés y decide ponerla en acción, se dice que esa opción se ejerce.

*Intercambio:* si bien las opciones se pueden ejercer o no, también se pueden negociar. También conocido como cierre, esto es cuando un inversionista vende una opción que podría ejercerse de manera rentable en el mercado abierto, donde luego el escritor original la vuelve a comprar, quien vuelve a comprar las posiciones y la cierra. En general, poco más del 50 por ciento de todas las opciones se negocian, mientras que el 10 por ciento se ejerce realmente y el resto vence sin ningún valor.

*Cotizadas:* las opciones se negocian a través de canales oficiales y no oficiales, se dice que se cotizan aquellas que se negocian en una bolsa nacional por opciones. Luego tienen un precio de ejercicio que se fija, así como una fecha de vencimiento claramente definida. Las opciones cotizadas normalmente cuentan por 100 acciones de la acción subyacente.

*In the money:* las opciones de compra se pueden considerar en el dinero si la acción actual de la acción subyacente está por encima del precio de ejercicio en el momento dado.

*Valor intrínseco:* Cuando una opción está en el dinero, su valor intrínseco es la diferencia entre su precio actual y su precio de ejercicio.

*Valor de tiempo:* Se dice que la cantidad de tiempo que le queda a una opción específica es su valor de tiempo restante.

*Volatilidad:* el precio que ocupa actualmente una opción puede ser estable o precario y propenso a movimientos adicionales positivos o negativos, se dice que una opción relacionada con una acción inestable tiene una mayor volatilidad.

*Prima:* El precio completo de una opción específica que es una combinación de volatilidad, valor temporal, precio de ejercicio y precio de las acciones.

**Funciones de opción**

*Especulación:* las dos razones más comunes por las que los comerciantes compran opciones son para cubrir una operación existente o para especular sobre movimientos futuros. Las opciones son ideales para fines de especulación, ya que los comerciantes pueden apostar a que un valor subyacente se moverá de una manera específica con confianza, ya que siempre pueden optar por no ejercer su opción. Sin embargo, esto no significa que no esté libre de riesgos, ya que aún debe elegir correctamente en lo que respecta a la dirección en la que se moverá el activo subyacente, así como la cantidad de ese movimiento para tener éxito. Sin embargo, el comercio de opciones sigue siendo una opción de inversión popular, ya que no se necesita mucho para comenzar a ver una ganancia.

*Cobertura:* la cobertura, por otro lado, puede considerarse un tipo de póliza de seguro que puede ayudar a los comerciantes a garantizar que una inversión existente esté cubierta cuando esperan que ese sector del mercado sufra un impacto significativo. Alternativamente, puede hacer que las inversiones riesgosas sean mucho más manejables, ya que los comerciantes pueden comprar su propuesta riesgosa, junto con una opción por la misma cantidad del activo subyacente al precio actual, antes de seguir adelante con la confianza de que al menos podrán alcanzar el punto de equilibrio. .

### tipos de opciones

*Americana/Europea:* En términos generales, las dos clasificaciones principales de tipos de opciones son opciones europeas y americanas. Si bien puede esperar que esta clasificación provenga de una fuente obvia, la verdad es que la diferencia entre los dos es cómo se pueden ejercer, no dónde se encuentran. Las opciones americanas se pueden ejercer en cualquier momento antes de que caduquen, y las opciones europeas solo se pueden ejercer en el momento en que caducan.

*Corto plazo/largo plazo:* Todas las opciones que se han discutido hasta este punto han sido lo que se conoce como opciones de corto plazo. Las opciones a largo plazo tienden a tener períodos de terminación que están a años de distancia, lo que las hace más útiles para los inversores que para los comerciantes. Se conocen como LEAPS o valores anticipados de acciones a largo plazo y se pueden comprar como cualquier otro tipo de opción.

*Opciones vainilla y exóticas:* en términos generales, todas las opciones con las que se encontrará regularmente serán opciones vainilla. Una opción exótica es cualquier tipo de opción cuyas reglas están por encima o más allá de lo que esperaría al comprar una opción. Esto incluye cosas como diferentes métodos de cálculo de rendimiento, puntos de terminación o términos relacionados con los activos relacionados. Hay tres tipos principales de opciones exóticas, opciones de elección, opciones de barrera y opciones compuestas.

Una opción compuesta permite a su propietario comprar una opción diferente antes de la fecha de vencimiento. Las opciones compuestas pueden ser de opción de compra, de opción de venta, de opción de compra o de opción de compra y se pueden encontrar comúnmente en el mercado de renta fija o en el mercado de divisas.

Las opciones de barrera tienden a ser el tipo de opción exótica que parece ser la más similar a una opción vainilla. La única excepción es el hecho de que solo pueden ejercerse si el activo subyacente alcanza un nivel objetivo. Pueden ser hacia abajo y hacia adentro, hacia arriba y hacia adentro, hacia abajo y hacia afuera o hacia arriba y hacia afuera y, a menudo, se encuentran tanto en los mercados de valores como en los mercados de divisas.

Finalmente, las opciones selectoras son aquellas en las que todo el propietario crea una opción en un punto y luego determina si será una opción de venta o de compra en un momento posterior. Este tipo de opción solo se puede orquestar en los mercados europeos, principalmente con acciones como activo subyacente y, en general, cuando se trata de índices. Se consideran una buena opción si el mercado en cuestión espera serias fluctuaciones en el futuro, aunque son bastante complicadas, lo que significa que querrá evitarlas hasta que se familiarice con el proceso de negociación de opciones en su conjunto.

**Consejos para el éxito**

*Evite las opciones fuera del dinero:* Mientras que muchos mercados de inversión se enfocan en comprar barato y vender caro, el simple hecho es que esto no funciona cuando se trata del comercio de opciones. De hecho, poner parte de su capital comercial en una opción de compra que está fuera del dinero es poco mejor que apostar y hay formas mucho más efectivas de apostar si eso es lo que está buscando hacer. Además, realizar este tipo de transacciones también puede hacer que le resulte difícil comprender por qué fracasó la transacción en primer lugar, lo que significa que ni siquiera puede aprender de sus errores.

Para entender por qué una opción de compra que actualmente está fuera del dinero es una mala elección, lo primero que querrá tener en cuenta es por qué está comprando una opción, lo que realmente está haciendo es indicarle a la mundo en el que no solo conoce la dirección en la que se moverá un activo subyacente dado, sino que también sabe, en términos generales, cuándo ocurrirá ese movimiento. Esto significa que si comete un error en cualquiera de estas dos áreas clave, perderá la prima que pagó por la opción junto con el costo de la comisión.

Lo que es peor, sus fondos estarán inmovilizados hasta que caduque la opción, lo que significa que puede perderse una alternativa preferible mientras tanto. Recuerde, para ver un rendimiento en este tipo de operación, el activo subyacente de una opción que está fuera del dinero no solo debe aumentar, sino que debe llegar hasta el precio de ejercicio.

*Infórmese sobre cuándo usar estrategias variadas:* cuando se trata de negociar con éxito en el mercado de opciones, hay innumerables estrategias diferentes para elegir, lo que significa que no tiene excusa cuando se trata de intentar encajar una clavija cuadrada en un agujero redondo . Por ejemplo, si decide comprar con margen, esta podría ser una excelente manera de capitalizar algunas condiciones de mercado rentables variadas , pero solo si conoce los detalles antes de comenzar. Centrarse en una sola estrategia no solo le costará dinero regularmente, sino que también sesgará sus resultados generales con esa estrategia, ya que incluirá innumerables pérdidas falsas que podrían haberse revertido si hubiera estado usando la herramienta adecuada para el trabajo.

*Conozca siempre el margen:* un margen largo se compone de un par de opciones que son similares en todos los sentidos, excepto que una tiene un precio de ejercicio más alto que la otra. Se compra la opción con el costo más alto mientras se vende la otra. Estas opciones pueden ser puts o calls. Los diferenciales largos compuestos por llamadas son alcistas y los compuestos por opciones de venta son bajistas.

Si bien el lapso de tiempo dañará parte del diferencial, siempre ayudará al otro, lo que significa que el diferencial generalmente afectará sus ganancias en la mayoría de los casos. Esto se debe al hecho de que la mitad del par casi siempre vencerá, suponiendo que el activo subyacente no sea demasiado volátil. Aún así, si está interesado en una operación que garantiza obtener algún tipo de beneficio, ciertamente podría hacerlo mucho peor.

*Tenga una idea clara para cada punto de entrada y salida:* para asegurarse de que eventualmente pueda obtener ganancias en el mercado de opciones, es crucial que siempre tenga una idea clara de cuáles serán sus puntos de entrada y salida. Si no lo hace, será difícil mitigar la influencia que su emoción podría tener en su operación. También servirá para garantizar que permanezca en el negro a largo plazo. Si bien puede ser difícil salir de una operación cuando todavía existe el potencial de dinero sobre la mesa, es importante tener en cuenta que el potencial de pérdida también está siempre presente. Establecer un punto de salida razonable y mantenerlo generará una mayor ganancia durante un período prolongado de tiempo, garantizado.

*Nunca duplique:* si está en medio de una operación que va a su favor, solo para que se vuelva contra usted en el último minuto, puede ser natural querer hacer todo lo que esté a su alcance para salvarlo. Desafortunadamente, la mejor opción prácticamente siempre será simplemente reducir sus pérdidas y seguir adelante. Nunca olvide que las opciones son derivados, lo que significa que es probable que el precio cambie con poco aviso, lo que significa que duplicar solo terminará costándole más a largo plazo.

Si bien ciertamente puede sentirse como el movimiento correcto en el momento, si se toma un momento adicional para detenerse y pensar realmente en lo que está haciendo, descubrirá que está cometiendo un error. Todo lo que necesita hacer es preguntarse si haría la operación que está a punto de realizar si fuera la primera operación del día y tuviera la mente despejada y es probable que encuentre su respuesta. Nueve de cada 10 veces, la decisión correcta será simplemente reducir sus pérdidas y seguir adelante.

*Manténgase alejado de las opciones ilíquidas:* la falta de liquidez mide la velocidad a la que se puede comprar o vender una opción específica sin que el precio cambie notablemente. La liquidez, por otro lado, puede considerarse como una posibilidad de que la segunda ronda de negociación de un activo subyacente determinado termine teniendo lugar a un precio cercano al mismo precio que la primera ronda.

*No compre opciones cortas:* si bien, en teoría, podría parecer que volver a comprar opciones cortas en el último momento es una opción ideal, el hecho es que casi siempre lo perjudicará más que lo ayudará a largo plazo. . Además, puede ser tentador aferrarse a opciones rentables para obtener el máximo rendimiento de cada inversión, pero debe tener en cuenta que el potencial de una reversión siempre acecha en las sombras. En cambio, una buena regla general es recomprar opciones que actualmente están al 80 por ciento de su rendimiento ideal o más y dejar que el extra se arregle solo. Si bien puede doler dejar algunas ganancias potenciales sobre la mesa, mejorará su confiabilidad general y le generará ganancias a largo plazo.

*No olvide las fechas clave de dividendos y ganancias:* al operar con opciones, es extremadamente importante estar atento a los detalles de los activos subyacentes con los que está trabajando, ya que si está reteniendo llamadas, tendrá que lidiar con la posibilidad de asignar anticipadamente. dividendos Debido al hecho de que poseer una opción y poseer un activo subyacente no es lo mismo, si se asignan los dividendos anticipados, si esto le sucede a usted, entonces no podrá cobrar el dinero que tanto le costó ganar. La asignación anticipada es en gran medida una ocurrencia aleatoria, lo que significa que si no mantiene la atención en el suelo, puede ser fácil que lo tomen desprevenido y no pueda ejercer la opción antes de perder el barco.

De manera similar, siempre querrá saber cuándo tendrá lugar la temporada de ganancias para cualquiera de sus activos subyacentes, ya que es probable que aumente el precio de todos los contratos relacionados con el activo subyacente en pregunta. Además, deberá estar al tanto de los eventos actuales, ya que incluso la amenaza de noticias influyentes puede ser suficiente para causar un aumento significativo en la volatilidad y las primas también. Para garantizar que sus costos se minimicen en la mayor medida posible cuando opere durante estos períodos, querrá utilizar el diferencial. Esto servirá para minimizar el costo que la inflación agregaría a su resultado final.

Cuando tenga que vender las opciones que ha comprado, querrá evitar aplicar un precio más bajo a la opción larga para generar suficiente del activo subyacente requerido. Más bien, querrá colocar la opción larga en el mercado abierto, lo que le brindará la oportunidad de beneficiarse de la prima causada por el tiempo restante. Luego puede usar sus nuevos fondos para comprar el activo subyacente por el que está enganchado, obteniendo una ganancia neta en el proceso.

Cuando te encuentres en esta situación, es importante que no dejes que te supere. En cambio, es importante recordar que la asignación temprana es esencialmente aleatoria, lo que significa que no tiene sentido preocuparse demasiado por eso. Lo mejor que puede hacer es intentar negar las posibilidades de que le afecte en la mayor medida posible asegurándose de estar preparado si el mercado parece moverse en esa dirección.

*Opere con más opciones sobre índices:* las opciones sobre índices son una excelente opción si el mercado se encuentra actualmente en un estado extremadamente volátil, ya que es mucho menos probable que experimenten cambios repentinos en comparación con otras opciones, ya que se basan en un índice que, a su vez, se basa en una variedad de acciones, por lo que cosas como informes de noticias y similares van a causar mucho menos alboroto. Cuanto mayor sea el índice en el que se basa la opción, más probable es que se mantenga neutral frente a una alta volatilidad.

Alternativamente, si cree que el mercado se mantiene firme, querrá mirar índices con diferenciales más cortos. Esto significa que querrá elegir un par de opciones con diferentes precios de ejercicio para asegurarse de eliminar el decaimiento del tiempo de la ecuación y al mismo tiempo asegurarse de que obtendrá una ganancia siempre que el precio no disminuya.

*Nunca haga una operación que no pueda permitirse perder:* cuando se trata de decidir cuánto va a gastar en su nueva aventura de opciones, es importante tener en cuenta que nunca debe invertir más de lo que puede permitirse perder. . Si decide invertir el dinero que necesita para asuntos más urgentes en un mercado volátil, nunca podrá analizar sus operaciones de forma racional y siempre estará preocupado por proteger esos fondos. También es importante tener en cuenta cuánto tiempo prevé mantener las opciones, ya que cuanto más tiempo tenga, más podrá soltarse y asumir riesgos, ya que tendrá mucho tiempo para corregirlos si las cosas no funcionan. afuera.

*Evite descontar la volatilidad:* ser consciente de la cantidad de volatilidad que actualmente afecta a un mercado específico es crucial cuando se trata de realizar operaciones positivas que terminarán pagando a su favor tanto a corto como a largo plazo. Comprender el nivel actual de volatilidad en el mercado de su elección es bastante simple, ya que todo lo que necesita hacer es considerar el mercado de valores, ya que es probable que la volatilidad de todos los demás mercados refleje el mismo nivel de volatilidad que al menos 9 veces de cada 10. Cuanto mayor sea el grado de estabilidad que experimenta el mercado de valores, más confianza tendrá la mayoría de los comerciantes en todos los ámbitos, lo que significa que el nivel general de estabilidad se mantendrá más o menos igual.

*Evite cometer un error al elegir un bróker:* tal vez más que la mayoría de los otros tipos de negociación, elegir el bróker de opciones correcto es una parte clave para tener éxito en el proceso a largo plazo. No olvide que su capital de inversión estará en sus manos, por lo que es tan importante que sepa qué más han estado haciendo. Después de todo, no se necesita mucho para crear un sitio web que parece estar en alza cuando en realidad funciona como una forma de estafar a los inversores ignorantes con el dinero que tanto les costó ganar.

Afortunadamente, este tipo de cosas son muy fáciles de verificar, ya que Internet nunca olvida. Lo primero es lo primero, querrá ver lo que los clientes actuales o anteriores tienen que decir, no solo en el sitio web de la compañía, por supuesto, sino también en foros y subreddits dedicados al comercio de opciones. Una de las cosas que querrá buscar es un registro de servicio al cliente confiable, así como tecnología para garantizar que cada operación que realice se complete en un tiempo récord.

También querrá ponerse en contacto con el servicio de atención al cliente del corredor que está considerando y ver cuánto tardan en responderle. Si son más de 24 horas, querrá ir a otro lugar, ya que si no pueden responder a los nuevos clientes en un tiempo razonable, entonces es muy poco probable que respondan a los clientes existentes más rápido. Finalmente, generalmente es una buena idea elegir un corredor que se encuentre en su país de origen por varias razones. En primer lugar, es mucho más probable que encuentre algún tipo de supervisión de terceros a nivel local que en cualquier otro lugar; y segundo, es mucho más probable que hable el mismo idioma en este escenario, lo que hará que todo el proceso sea más fácil para todos los involucrados.

*No se comprometa demasiado:* si bien quedarse con un solo activo tiene sentido cuando está aprendiendo las cuerdas del comercio de opciones, quedarse con un activo subyacente durante demasiado tiempo puede reducir severamente su potencial de ganancias. Como tal, una vez que se sienta cómodo con las opciones de comercio, es mejor comenzar a buscar múltiples activos diferentes para asegurarse de que si un segmento del mercado se vuelve amargo inesperadamente, no perderá todo el capital comercial de una sola vez. Recuerde, hay mucha incertidumbre incluso en los mercados más tranquilos, ya que la incertidumbre es lo que genera ganancias en lo que respecta a la inversión.

En términos generales, cuando se trata de tener éxito con el comercio de opciones, una buena regla a seguir es cuanto mayor sea el grado de diversificación, mejor. Incluso es posible que desee ir tan lejos como para utilizar diferentes asesores financieros o corredores según la especialidad que cada uno ofrece. Si bien es probable que esto requiera más tiempo que simplemente apegarse a lo que sabe, valdrá la pena la primera vez que las cosas salgan mal con un activo y se haya salvado de un posible desastre financiero.

## CAPÍTULO 2: VOLATILIDAD

Si bien hay muchas razones viables para que los comerciantes adquieran el hábito de operar con opciones, la cantidad de variables que pueden influir en la prima de una opción puede generar ganancias lejos de ser algo seguro. Para asegurarse de que su tiempo dedicado a operar sea lo más rentable posible, querrá tener siempre en cuenta la volatilidad implícita del activo subyacente.

La volatilidad implícita es la volatilidad estimada del valor subyacente, lo que significa que aumentará durante los mercados bajistas, siempre que los inversores tengan motivos para creer que el precio del activo subyacente disminuirá con el tiempo. Del mismo modo, si el mercado es alcista y se cree que el activo subyacente está al alza, la volatilidad general disminuirá. Esto se basa en la creencia generalizada de que los mercados alcistas son naturalmente menos riesgosos que los mercados bajistas. La volatilidad implícita es útil ya que permite a los operadores estimar la forma en que el precio del activo subyacente cambiará en el futuro en función de factores predictivos específicos.

La volatilidad implícita juega un papel importante en el precio de las opciones, ya que cuanto mayor sea el nivel de volatilidad implícita, mayor será la prima. Esto se debe a que el valor de la opción también tiene en cuenta automáticamente la volatilidad implícita. Sin embargo, la volatilidad implícita se basa en la probabilidad, lo que significa que es solo una estimación de cómo van a ir las cosas en lugar de un indicador real. Sin embargo, pueden los comerciantes tratarlo como tal, lo que significa que cuando puede ver claramente la volatilidad implícita de un activo subyacente específico, generalmente puede asumir que habrá muchas personas que actuarán directamente. Además, la volatilidad implícita siempre se correlacionará directamente con la opinión del mercado, lo que también afecta el precio de las opciones.

Otro punto importante a tener en cuenta es que la volatilidad implícita no predice la dirección en la que irá el cambio de precio. Por ejemplo, una alta volatilidad significa una gran oscilación del precio, pero el precio podría oscilar muy alto, muy bajo o ambos. La baja volatilidad significa que es probable que el precio no haga cambios amplios e impredecibles.

Además, es importante tener en cuenta que la volatilidad implícita y la volatilidad histórica son cosas diferentes, ya que la volatilidad histórica puede medir cambios previos en el mercado con resultados definitivos. Sin embargo, es posible que desee comparar la volatilidad histórica, así como la volatilidad implícita para comprender mejor los cambios probables que experimentará su activo subyacente y, por lo tanto, su opción.

## Una introducción a los precios

Para comprender el efecto completo de la volatilidad implícita, se requiere una comprensión más clara de la forma en que se fija el precio de una opción, específicamente la forma en que se superponen el valor temporal y el valor intrínseco. El valor intrínseco se puede considerar como el valor inherente, o equidad, que retiene la opción. Por ejemplo, si compró una opción de compra de $50, adjunta a una acción subyacente que cotiza a $60, acaba de comprar la capacidad de ganar $10 comprando la acción subyacente al precio de ejercicio de $50 y vendiéndola en el mercado abierto por $60 Como resultado, el valor intrínseco de la opción es de $10. El único factor que influye directamente en el valor intrínseco de una opción determinada será el precio de la acción subyacente en comparación con la diferencia en el precio de ejercicio de la opción. Ningún otro factor influirá directamente en el valor intrínseco.

Usando el mismo ejemplo, suponga que la opción tiene un precio de $14. Esto significaría entonces que su prima es $4 más que su valor intrínseco inicial, que es donde entra en juego el valor del tiempo. El valor del tiempo es la prima agregada que se agrega a una opción existente que representa cuánto tiempo queda hasta el vencimiento. El precio del tiempo se ve influenciado por varios factores, incluido el tiempo hasta el vencimiento, el precio de ejercicio, el precio de las acciones y las tasas de interés. Sin embargo, ninguno de estos será tan significativo para el precio como la volatilidad implícita.

La volatilidad implícita de un activo subyacente dado representa la volatilidad general esperada para el activo subyacente a lo largo de toda la vida de la opción. A medida que cambien las expectativas de lo que podría ascender la opción antes de que caduque, la prima reaccionará adecuadamente. En general, el aumento y la caída de la volatilidad implícita servirán en última instancia para determinar el valor temporal de una opción determinada.

**Modelos de valoración de opciones**

La volatilidad implícita se puede determinar utilizando una variedad de diferentes modelos de valoración de opciones. De hecho, es el único factor del modelo que no se puede observar directamente dentro del propio mercado. En cambio, el modelo de valoración de opciones requiere el uso de factores adicionales para facilitar la determinación de la prima de la opción junto con su volatilidad implícita. Encontrará calculadoras para determinar los resultados de estos modelos de precios en su plataforma de negociación de opciones.

*Modelo de fijación de precios de Black-Scholes:* esta fórmula, también conocida como modelo de fijación de precios de Black-Scholes-Merton, fue el modelo de fijación de precios que se diseñó para la fijación de precios de opciones. Solo es efectivo con opciones europeas y tiene en cuenta la volatilidad esperada, el tiempo hasta el vencimiento, las tasas de interés anticipadas, el precio de ejercicio, el precio del activo y los dividendos esperados. Creado por un trío de economistas en la década de 1970, este modelo de precios determina con precisión los valores de los derivados.

*Modelo binomial:* el modelo de fijación de precios binomial utiliza un diagrama de árbol que tiene en cuenta la volatilidad en todos los niveles para mostrar a los operadores todos los caminos posibles que puede tomar el precio de una opción. Luego funciona hacia atrás para determinar con éxito el precio más probable. El mayor beneficio de este tipo de modelo es que puede usarlo para revisar fácilmente cualquier posible punto de posibilidad, de modo que conozca el precio de ejercicio ideal para cualquier punto antes del vencimiento de la opción.

**Factores que afectan la volatilidad implícita**

Al igual que el mercado en su conjunto, la volatilidad implícita también está sujeta a una amplia variedad de cambios potenciales, comenzando con la oferta y la demanda. Cuando un valor tiene una gran demanda, la volatilidad implícita aumenta junto con el precio, lo que conduce a primas altas debido al riesgo adicional, y también ocurre lo contrario. Otro factor importante a considerar es el valor temporal de la opción, ya que las opciones con una cantidad de tiempo restante más corta suelen tener una volatilidad implícita más baja que las opciones más largas, ya que simplemente hay menos tiempo para que suceda lo inesperado.

Cada opción listada va a tener un nivel diferente de sensibilidad cuando se trata de cambios en la volatilidad implícita. Por ejemplo, cuanto más valor temporal tenga una opción, menor será su volatilidad implícita. Los precios de ejercicio también van a responder de manera diferente a los cambios en la volatilidad implícita, ya que los precios de ejercicio que están cerca del dinero son más sensibles a los cambios en la volatilidad implícita, mientras que los que están tanto fuera del dinero como firmemente dentro del dinero serán menos sensibles a los cambios. cambios en su volatilidad implícita. Puede determinar qué tan sensible es una opción a este problema al verificar su Vega, aunque esto no será inamovible, por lo que los cambios aún podrían materializarse en el horizonte.

### Usando la volatilidad implícita de manera efectiva

Una de las formas más efectivas de determinar la volatilidad implícita es mirar un gráfico de volatilidad implícita que debería estar disponible a través de su plataforma de operaciones. Como cada acción tiene un rango único en lo que respecta a la volatilidad implícita, estos valores no deben compararse directamente entre sí. Más bien, la volatilidad implícita siempre debe analizarse en función de una base relativa. Esto significa que una vez que haya determinado el rango de volatilidad implícita para la opción que está negociando, aún es difícil determinar si un valor alto para un activo equivale a un valor alto para otro o si lo que es alto para una acción es bajo para otra. .

Cuando se trata de controlar el rango de volatilidad implícita que puede experimentar un activo subyacente, querrá observar los picos y valles de los gráficos, ya que todo lo demás tiene el potencial de ser poco más que ruido blanco. Al hacerlo, determinará cuándo las opciones en cuestión serán (teóricamente) más baratas y más caras. Como todo lo demás en los mercados de inversión, la volatilidad implícita se mueve en ciclos, lo que significa que los períodos de alta

160

volatilidad son seguidos por períodos de baja volatilidad y viceversa. De hecho, al usar rangos de volatilidad implícita relativa, junto con técnicas de pronóstico relevantes, debería tener una opción mucho mejor para elegir la mejor operación posible en un momento dado. Al determinar una estrategia adecuada, estos conceptos son fundamentales para encontrar una alta probabilidad de éxito, ayudándole a maximizar los rendimientos y minimizar el riesgo.

*Pronóstico de la volatilidad implícita:* cuando se trata de pronosticar la volatilidad implícita, hay cuatro cosas principales que debe tener en cuenta. Primero, querrá asegurarse de tener una forma de determinar con precisión el nivel actual de volatilidad implícita, teniendo en cuenta que un aumento en la volatilidad implícita viene junto con un aumento en las primas de opciones y que una vez que alcanza un nivel extremadamente alto o un mínimo extremo, entonces es probable que regrese a su media principal.

Si encuentra opciones que generan primas altas basadas en una alta afluencia de volatilidad implícita, entonces es importante tener en cuenta que hay una razón por la que este es el caso. Lo primero que querrá hacer es consultar las noticias para asegurarse de no perderse ningún tipo de anuncio que explique el aumento. Además, no es raro que la volatilidad implícita se estabilice junto con las ganancias antes de anuncios importantes, incluidas aprobaciones de productos, rumores, fusiones o adquisiciones, anuncios de ganancias y más. Dado que la mayor parte del movimiento tendrá lugar directamente después de este tipo de anuncios, es importante comprender que cualquiera de los anteriores suele ser suficiente para colapsar el nivel actual de volatilidad implícita y dejarlo en cero.

Si se encuentra con el comercio de opciones bien a pesar de un nivel muy alto de volatilidad implícita, lo primero que querrá hacer es considerar las estrategias de venta disponibles. Esto se debe a que, a medida que las primas de las opciones aumentan de precio, se vuelven menos atractivas para comprar y más deseables para vender. Las buenas estrategias para usar en este escenario se discutirán en el Capítulo 5. Alternativamente, si se encuentra con una opción barata con baja volatilidad, entonces puede comprar una opción con una fecha de vencimiento a largo plazo para mantener hasta la volatilidad y el precio en última instancia. aumenta

## CAPÍTULO 3: GRIEGOS ALFABETO

161

Cuando se trata de operar con opciones con éxito, es vital que comprenda los múltiples tipos de riesgo que entran en juego. Para facilitar su discusión en detalle, se han dividido en diferentes variables, cada una de las cuales está etiquetada con una letra del alfabeto griego antiguo. Operar sin tomarse el tiempo de aprender esta valiosa forma de evitar el mayor riesgo posible es similar a conducir en un país extranjero sin aprender primero las reglas de tránsito, o incluso el idioma.

Independientemente de si está colocando una opción de venta o de compra, o incluso simplemente planificando su estrategia, es crucial que analice sus diversos riesgos y recompensas en términos de tres áreas clave. Primero, la cantidad de cambio que es probable que experimente el precio, segundo, la cantidad de volatilidad actualmente en juego y, finalmente, la cantidad de tiempo que le queda a la opción hasta que expire. Si está reteniendo una llamada, todos deberán considerar si el precio se está moviendo en la dirección equivocada, si la volatilidad está disminuyendo o si no queda suficiente tiempo para la opción en cuestión. Por el contrario, los vendedores enfrentan el riesgo de que los precios se muevan en la dirección equivocada y aumente la volatilidad, pero nunca cuando se trata del valor del tiempo.

Cuando las opciones se combinan o se negocian, querrá determinar las griegas relacionadas con el nuevo resultado, a menudo denominadas *griegas netas*. Esto le permitirá determinar la nueva diferencia entre riesgo y recompensa y actuar adecuadamente. Comprender lo que los griegos pueden decirle le permitirá adaptar mejor su estrategia en función del nivel de riesgo deseado. Puede pensar en ellos como guías para mantenerlo en el camino correcto cuando se trata de buscar las opciones adecuadas para usted.

*Delta:* cuando se trata de opciones individuales, Delta puede considerarse como la cantidad total de riesgo que existe entre el precio de una acción subyacente en el momento actual y hacia dónde es probable que se mueva. Si el precio de ejercicio de una opción es el mismo que el precio actual de la acción subyacente, entonces esa acción tiene un Delta de 0,5. Si este es el caso, entonces significa que si la acción subyacente se mueve 1 punto, el precio de la opción cambiará 0,5 puntos, suponiendo que todos los demás factores permanezcan uniformes. El rango total Delta posiblemente puede estar en cualquier lugar entre -1 y 1. Las opciones put pueden estar en cualquier lugar entre -1 y 0 y las llamadas pueden estar en cualquier lugar entre 0 y 1.

Delta es probablemente la primera medida de riesgo que siempre querrá considerar cuando se trata de elegir las opciones adecuadas para usted. Puede ser particularmente útil cuando se trata de decidir el momento adecuado para comprar una opción de venta, ya que desea que esté en el punto justo para maximizar su potencial de ganancias. En este caso, es beneficioso conocer los resultados esperados de pagar menos a cambio de saber que el Delta también será menor. Esta diferencia se puede ver simplemente mirando el precio de ejercicio y observando cómo cambia en relación con el precio de venta.

En términos generales, cuanto más barata sea una opción, menor será su Delta. Esto se debe al hecho de que delta a menudo está vinculado a las probabilidades de que una opción específica valdrá la pena en el momento en que expire. Como ejemplo, si está buscando una opción con un Delta de .32, entonces puede asumir, en igualdad de condiciones, que comprar esa opción se pagará con éxito aproximadamente un tercio del tiempo.

*Vega:* Cada vez que se toma una posición, independientemente de cuál sea esa posición, el riesgo de cambio que proviene de la volatilidad de la acción subyacente se conoce como Vega. El nivel de volatilidad que tiene una acción subyacente puede cambiar incluso si el precio de la acción en cuestión no lo hace. Esto significa que tiene el potencial de afectar significativamente sus ganancias. Las estrategias exitosas se pueden construir en torno a opciones de volatilidad baja y alta, así como opciones de volatilidad neutral de vez en cuando.

Si la volatilidad de la opción en cuestión aumenta junto con su volatilidad, se dice que esa opción tiene una volatilidad larga y si el valor aumenta mientras que la volatilidad disminuye, se dice que es una opción de volatilidad corta. Se dice que las estrategias u operaciones que aprovechan la volatilidad larga tienen una Vega positiva y las que usan volatilidad corta tienen una Vega negativa. Se puede decir que las opciones que tienen un nivel neutral de volatilidad también tienen un Vega neutral.

Como regla general, cuanto más tiempo pase entre una opción y su fecha de vencimiento, mayor será la Vega de esa opción. Esto se debe a que el valor del tiempo es proporcional a la volatilidad, ya que cuanto más larga sea la línea de tiempo, mayor será la probabilidad de que la volatilidad se manifieste. Como ejemplo, suponga que una opción actualmente vale alrededor de $4 con un activo subyacente que vale $90. Además, suponga que tiene un Vega de .1 con una volatilidad del 20 por ciento. Si la volatilidad aumenta solo un uno por ciento, esto equivaldría a 10 centavos de aumento en el precio para un total de $4.10. La cantidad de cambio que se ve en una opción con un período más corto a menudo dará como resultado cambios más grandes porque, en última instancia, hay menos tiempo para que la opción se restablezca.

*Theta:* Theta es la medida de la velocidad a la que el tiempo que le queda a la opción desaparece o decae, lo que significa que este número a menudo será negativo cuando se trate de ella. En el instante en que compra una opción, el Theta de esa opción comienza a disminuir junto con el valor total, ya que ambos disminuyen cuanto más cerca está la opción de su punto de vencimiento. Si el Delta de una opción dada es mayor que su Theta, entonces la opción beneficiará al tenedor y si el Theta es mayor que el Delta, entonces la opción beneficiará al emisor.

Como ejemplo, considere una opción con un Theta de .015 cuyo valor disminuirá en 1.5 centavos en 24 horas. Las opciones de venta tienen thetas negativas y las opciones de compra tienen thetas positivas. Esto se debe a que las opciones de venta valen menos cuando están a punto de vencer, y las opciones de compra valen más porque la diferencia entre los montos inicial y final será máxima. Además, Theta fluctúa día a día, ya que comienza lentamente y luego aumenta en intensidad a medida que la opción se acerca a su vencimiento final. Esto explica por qué las opciones a largo plazo atraen a los compradores y los vendedores prefieren las opciones a corto plazo.

Si está buscando realizar una operación cuando el mercado es neutral, querrá asegurarse de tener en cuenta a Theta, pero de lo contrario puede avanzar con confianza con su estrategia actual. En términos generales, siempre querrá comprar opciones con un Theta tan bajo como pueda manejarlo.

*Gamma:* si Delta es la cantidad de cambio que experimentará la opción en respuesta a un cambio en el precio del activo subyacente, entonces Gamma es la cantidad que puede esperar que Delta cambie con el tiempo. Gamma aumenta como opciones cerca del punto donde el precio de las opciones y el precio del activo subyacente se superponen y disminuirá aún más por debajo del precio de ejercicio a medida que cae el precio del activo subyacente. Cuanto mayor sea Gamma, mayor será el riesgo, pero también mayor será la rentabilidad. También es probable que Gamma aumente cuando la opción en cuestión alcance su fecha de vencimiento. Esto se puede llevar un paso más allá con Gamma of the Gamma, que considera la tasa a la que cambia Delta.

Por ejemplo, si una acción se cotiza a alrededor de $ 50 y una opción relacionada se cotiza actualmente a $ 2. Si tiene una delta de 0,4 y una gamma de 0,1, entonces, si las acciones aumentan en $1, entonces la delta verá un aumento del 10 por ciento, que es también la cantidad de Gamma. Si la volatilidad es baja, la gamma es alta cuando la opción en cuestión está por encima de su precio de ejercicio y baja cuando está por debajo. Gamma tiende a estabilizarse cuando la volatilidad es alta y disminuye cuando es baja.

**Rho:** Rho es el nombre que se le da a la cantidad de riesgo asociada con las probabilidades de que las tasas de interés que afectan su opción cambien antes de que caduque. Rho no entrará en juego con tanta frecuencia como los otros griegos, ya que las tasas de interés generalmente aumentarán junto con los precios de las llamadas, mientras que el precio de las opciones de venta disminuirá, y lo contrario es cierto cuando las tasas de interés disminuyen. Puede esperar que los valores de Rho alcancen su punto máximo cuando el precio de la acción subyacente cruce el precio de la opción con la que está trabajando. Además, este valor siempre será negativo para las opciones de venta y positivo para las opciones de compra. Los valores de Rho son más importantes cuando se trata de opciones largas y prácticamente irrelevantes para la mayoría de las opciones cortas.

### En busca de los griegos

Para determinar cómo se aplicarán los griegos a cualquiera de las operaciones de opciones que realice, lo primero que deberá tener en cuenta es que es probable que cada estrategia tenga un valor positivo o negativo para cada uno de los griegos. Como ejemplo, si Vega es positivo, la posición verá ganancias si aumenta la volatilidad. Del mismo modo, una posición Delta negativa dará como resultado una disminución si el activo subyacente disminuye o cuando lo haga. Vigilar a los griegos y observar cómo cambian es clave para el éxito en el comercio de opciones tanto a corto como a largo plazo.

Para encontrar con éxito los griegos para la opción elegida, el primer paso es recordar siempre que los resultados que vea serán teóricos, ya que nadie, y ciertamente no los griegos, pueden predecir el futuro. Lo que está viendo son solo los resultados de una fórmula matemática con varias variables diferentes conectadas según sea necesario. Estos incluyen la oferta que está poniendo en la opción, el precio solicitado, el último precio, el volumen y ocasionalmente el interés.

# CAPÍTULO 4: CÓMO EMPEZAR

Si bien puede ser fácil sentir que hay demasiada información sobre el comercio de opciones como para tener la esperanza de mantener las cosas claras, hay varias estrategias clave que usará regularmente en las que puede concentrarse al principio para hacer todo el proceso mucho más manejable. Mientras se tome el tiempo para utilizarlos correctamente, encontrará que cada una de las estrategias descritas a continuación mejorará drásticamente su tasa de éxito y al mismo tiempo disminuirá su riesgo general.

Tenga en cuenta que las estrategias que utiliza no son tan importantes como el hecho de que elija estrategias que se adapten a su estilo de negociación personal y que complementen el plan de negociación que está enfocado en usar por el momento. Tenga en cuenta que el hecho de que una estrategia parezca útil no significa que vaya a ser útil en sus manos.

*Nombre del juego:* Comprar/escribir

*Quién debería ejecutarla:* esta estrategia es adecuada para todos

*Cuándo ejecutarla:* esta estrategia es efectiva en un mercado bajista

*Detalles:* a veces denominada llamada cubierta, esta estrategia funciona cuando el comerciante compra acciones de una acción subyacente y, al mismo tiempo, genera una llamada que es igual a la cantidad total de acciones subyacentes que posee. Esta estrategia es ideal para los comerciantes que ya han invertido en el mercado de valores y están buscando una manera de apuntalar lo que antes eran elecciones cuestionables, ya que las opciones garantizarán que pueda generar una prima incluso si las otras apuestas realizadas en el la inversión no paga exactamente. Esta es una forma especialmente viable de garantizar que las inversiones a largo plazo sigan siendo viables, ya que la opción garantizará un precio rentable durante su existencia. Esto hace que la estrategia de llamadas cubiertas sea ideal para LEAP, futuros sobre índices y fondos cuya compra se facilitó a través del margen.

167

*Nombre del juego:* Put casado

*Quién debería ejecutarla:* esta estrategia es adecuada para todos

*Cuándo ejecutarla:* esta estrategia es efectiva en un mercado alcista

*Detalles:* una opción de venta casada es una excelente estrategia si tiene motivos para adoptar una actitud alcista con respecto al precio de un activo subyacente determinado y, al mismo tiempo, apunta a apuntalar cualquier pérdida potencial que pueda encontrar. Para usar esta estrategia correctamente, lo primero que deberá hacer es comprar cualquier cantidad del activo subyacente en cuestión y, al mismo tiempo, comprar una opción de venta que cubra la misma cantidad. Esto actuará como el precio mínimo que le ayudará a evitar pérdidas graves e inesperadas en caso de una caída repentina del precio. Si bien agregar más dinero a una propuesta perdedora nunca es la mejor opción, una opción de venta casada puede usarse para apuntalar una inversión existente que no resultó como esperaba. Independientemente del tamaño de su cartera, esta es una estrategia útil para mitigar el riesgo que no se puede abordar de otra manera.

Si bien la opción de venta casada no será la mejor opción en ninguna situación, si se usa de la manera correcta y con mucha precaución, puede ser una forma confiable de mejorar su porcentaje de operaciones exitosas. Para asegurarse de que esto siempre funcione a su favor, nunca querrá comenzar una nueva transacción sin tener una comprensión clara del riesgo con el que está trabajando de antemano. Entonces podrá tener en cuenta los costos adicionales más fácilmente y comparar el costo total con la cantidad de riesgo que mitigará como resultado.

Después de eso, todo lo que queda es hacer los cálculos y elegir la opción que tenga más sentido fiscal en este momento. Además, las opciones de venta casadas también ayudan a reducir el riesgo potencial cuando se trata de opciones anticipadas para ejercer, ya que garantiza que siempre tenga acciones disponibles esperando en las alas.

*Nombre del juego:* Bull call spread

*Quién debería ejecutarla:* esta estrategia es adecuada para todos

*Cuándo ejecutarla:* esta estrategia es efectiva en un mercado alcista

*Detalles:* para utilizar con éxito el diferencial de llamada alcista, querrá comenzar con una opción de compra que se compre a un precio de ejercicio al que valga la pena volver en el futuro. También deberá vender una cantidad igual de llamadas a un precio de ejercicio que esté por encima del precio de ejercicio inicial pero que aún se encuentre dentro de una distancia razonable. Ambas llamadas también deberán incluir el mismo período de tiempo, así como el mismo activo subyacente. Esta es una excelente estrategia para usar si se siente optimista sobre la fortaleza del activo en cuestión o si tiene una investigación que muestra que es probable que el precio aumente durante el período de tiempo elegido.

Esta estrategia también se conoce con el nombre de margen de crédito vertical gracias a sus piernas no coincidentes. Los que venden cerca del dinero dan como resultado un diferencial de crédito que incluye un valor temporal positivo y un crédito neto. Los diferenciales de débito se crean si una opción corta termina más lejos del dinero que el punto desde el que comenzó. De todos modos, puede considerar esta estrategia como una compra neta.

*Nombre del juego:* Bear put spread

*Quién debería ejecutarla:* esta estrategia es adecuada para todos

*Cuándo ejecutarla:* esta estrategia es efectiva en un mercado bajista

*Detalles:* similar en la práctica al bull call spread, el bear put spread es útil en circunstancias opuestas. Para usarlo de manera efectiva, deberá comprar un par de

169

opciones de venta que tengan diferentes precios de ejercicio, uno propio más bajo y uno más alto. Luego deberá comprar un número igual con el mismo período de tiempo y el mismo activo subyacente. Esta puede ser una estrategia especialmente útil si tiene una opinión bajista del activo subyacente en cuestión, ya que ayudará a limitar sus pérdidas si juzga el mercado incorrectamente. Sin embargo, aún es importante ser cauteloso, ya que las ganancias que le traerán siempre se limitarán a la diferencia entre las dos opciones que compró inicialmente, menos cualquier tarifa relevante.

El momento más rentable para utilizar esta estrategia es si ya está planeando vender en corto un activo subyacente específico y una opción de venta tradicional no le brindará la protección que necesita. Es probable que los encuentre especialmente útiles si planea especular y también siente que los precios van a bajar. Esto le permitirá evitar emplear capital adicional mientras solo espera que suceda lo peor. Como tal, podrá esperar lo mejor y planificar lo peor al mismo tiempo.

*Nombre del juego:* Collar protector

*Quién debería ejecutarla:* esta estrategia es adecuada para todos

*Cuándo ejecutarla:* esta estrategia es efectiva en un mercado alcista o bajista

*Detalles:* la estrategia del collar protector se puede ejecutar comprando una opción de venta que ya está fuera del dinero. A partir de ahí, querrá suscribir una opción de compra secundaria que se base en el mismo activo subyacente y que también esté fuera del dinero. Después de eso, podrá crear una opción de compra secundaria que se base en el mismo activo subyacente que también está fuera del dinero. Por lo tanto, esta estrategia es útil si ya está comprometido con una posición larga en un activo subyacente que tiene un historial de fuertes ganancias. El uso adecuado de un collar protector le permite asegurarse de que puede anticipar un nivel constante de ganancias y, al mismo tiempo, mantener el control del activo subyacente si la tendencia positiva continúa.

Usar un collar protector correctamente es tan fácil como asegurarse de que el contrato de la opción de venta que compró tenga un precio de ejercicio que es más que suficiente para garantizar que conservará la mayor parte de las ganancias que acumuló durante todo el proceso. Después de eso, podrá financiar la estrategia de collar utilizando la opción de compra que creó anteriormente. Esta estrategia es extremadamente útil si está buscando mantener sus ganancias a toda costa, ya que solo requiere una pequeña tarifa adicional. Lo que es más, esta es una excelente manera de mover fondos con fines fiscales ya que cualquier opción que transfiera no necesita ser contabilizada hasta que se haya comprado o caducado.

*Nombre del juego:* Straddle

*Quién debería ejecutarla:* esta estrategia es adecuada para todos

*Cuándo ejecutarla:* esta estrategia es efectiva en un mercado alcista o bajista

*Detalles:* El straddle se puede usar para ir largo o corto. El straddle largo puede ser extremadamente efectivo si cree que el precio de un activo subyacente dado se moverá significativamente en una dirección, simplemente no sabe qué dirección será en última instancia. Para utilizar esta estrategia, deberá comprar una opción de venta y una opción de compra, ambas con el mismo activo subyacente, precio de ejercicio y plazo. Después de que se haya creado con éxito el tramo largo, se le garantizará que generará una ganancia si el precio en cuestión se mueve en cualquier dirección antes de que caduque.

Por otro lado, si está interesado en utilizar un straddle corto, querrá vender una opción call y put con los mismos costos, plazos y activo subyacente. Esto le permitirá beneficiarse de la prima, incluso si todo lo demás no sale tan bien como le hubiera gustado. Esta ganancia garantizada significa que esta es una estrategia particularmente útil si no espera ver mucho movimiento en ninguna dirección antes de que expire la opción. Sin embargo, sigue siendo importante recordar que las posibilidades de que esta estrategia tenga éxito están directamente relacionadas con las probabilidades de que el activo subyacente se mueva en primer lugar.

*Nombre del juego:* Estrangular

*Quién debería ejecutarla:* esta estrategia es adecuada para todos

*Cuándo ejecutarla:* esta estrategia es efectiva en un mercado alcista o bajista

*Detalles:* Funcionalmente, un strangle es similar a un straddle, excepto que a menudo es más barato ejecutarlo, ya que está comprando opciones que ya están fuera del dinero. Como tal, normalmente puedes pagar hasta un 50 por ciento del costo de un straddle por un estrangulado, lo que hace que sea aún más fácil jugar en ambos lados de la cerca. Por lo general, un strangle largo es más útil que un straddle corto porque ofrece el doble de la prima por la misma cantidad de riesgo.

Para usar correctamente la estrangulación larga, querrá comprar una opción de compra junto con una opción de venta que se basen en el mismo activo subyacente con el mismo período de tiempo y diferentes precios de ejercicio. El precio de ejercicio de la opción de compra deberá estar por encima del precio de ejercicio de la opción de venta y ambos deben estar fuera del dinero. Esta estrategia puede ser especialmente útil si planea que el activo subyacente se mueva mucho, sin tener una idea clara de la dirección. Cuando se usa correctamente, esto prácticamente garantizará que obtenga una ganancia una vez que haya eliminado las tarifas de la ecuación.

*Nombre del juego:* Propagación de mariposas

*Quién debería ejecutarla:* esta estrategia es adecuada para todos

*Cuándo ejecutarlo:* esta estrategia es efectiva en un mercado neutral

*Detalles:* Un spread mariposa es una combinación de un spread bajista y una estrategia alcista tradicional que utiliza un total de tres puntos de golpe. Para empezar, deberá comprar una opción de compra en el punto más bajo que pueda administrar antes de vender un par de llamadas a un precio más alto y luego una tercera llamada que tiene un precio cada vez más alto. Su objetivo final con estas compras es asegurarse de tener un rango de precios de los que pueda beneficiarse cuando todo esté dicho y hecho.

Esta estrategia puede resultar particularmente efectiva cuando tiene una opinión completamente neutral sobre el mercado actual. Además, también debe esperar que el activo subyacente se mueva en la dirección que prefiera, incluso si aún no tiene todos los detalles bloqueados. Esto significa que querrá esforzarse por mantener la volatilidad del mercado lo más baja posible. De hecho, cuanto mayor sea el nivel general de volatilidad, mayor será el costo de esta estrategia. Además, es extremadamente importante tener en cuenta que si elige incorrectamente la dirección en la que se moverá el activo subyacente, entonces la cantidad que puede perder puede ser significativa.

*Nombre del juego:* Cóndor de hierro

*Quién debería ejecutarla:* esta estrategia es adecuada para todos

*Cuándo ejecutarla:* esta estrategia es efectiva en un mercado alcista o bajista

*Detalles:* para utilizar la estrategia del cóndor de hierro, deberá comenzar tomando una posición corta y una posición larga a través de un par de estranguladores que están situados de modo que aprovechen al máximo un mercado que tiene una volatilidad absolutamente baja. El par de estranguladores debe incluir una posición larga y una posición corta, con ambos fijados en el precio de ejercicio exterior. Puede lograr el mismo efecto general con un par de diferenciales de crédito si así lo desea. En este escenario, el diferencial de llamada se colocaría por encima del precio de mercado y la opción de venta se colocaría por debajo del precio de mercado actual.

El cóndor de hierro solo debe usarse si está operando a través de opciones de índice, ya que ofrecen el nivel reducido de volatilidad y riesgo que necesita para que sea confiable. Esto significa que querrá utilizar el cóndor de hierro si está prácticamente seguro de que el mercado se moverá en la dirección que indica su investigación. Hacer lo contrario seguramente dejará su plan abierto a un riesgo adicional significativo, y probablemente también más temprano que tarde.

*Nombre del juego:* Mariposa de hierro

*Quién debería ejecutarla:* esta estrategia es adecuada para todos

*Cuándo ejecutarla:* esta estrategia es efectiva en un mercado alcista o bajista

*Detalles:* la estrategia de la mariposa de hierro se puede anclar con un straddle corto o un straddle largo, según sus necesidades. De todos modos, querrá orquestar un estrangulamiento basado en el straddle que necesitaba usar. La mariposa de hierro utiliza una combinación de opciones de venta y de compra para limitar el potencial de pérdida (pero también de ganancias) en torno al precio de ejercicio que determinaste previamente. Esta estrategia se utiliza mejor con opciones que están fuera del dinero, ya que le permiten minimizar tanto el riesgo como el costo.

## CAPÍTULO 5: ESTRATEGIAS PARA SACAR LO MEJOR DE UNA MALA SITUACIÓN

Cuando se trata de operar con opciones con éxito a largo plazo, el secreto no es poder realizar las operaciones correctas en cada coyuntura. Después de todo, eso es imposible. No, el verdadero secreto del éxito a largo plazo es aprender a recuperarse cuando una operación infalible de repente se te va de lado en el último momento. Cuanto más rápido pueda volver a encarrilar su operación, más rápido podrá volver a obtener ganancias.

### Estrategias de reparación de llamadas largas

Esta primera sección contiene estrategias diseñadas para aumentar el potencial de ganancias de las posiciones de compra largas que recientemente experimentaron una pérdida rápida no realizada. Recuerde, tener una gran estrategia es extremadamente importante, pero obtener ganancias a largo plazo es mucho más que eso. En el comercio, la mejor ofensiva suele ser una buena defensa.

*Nombre del juego:* reparación de llamadas largas

*Quién debería ejecutarla:* esta estrategia es adecuada para veteranos

*Cuándo ejecutarla:* esta estrategia es efectiva en un mercado alcista

*Detalles:* es común que los nuevos comerciantes compren una simple opción de compra o venta, solo para descubrir que, en última instancia, estaban equivocados sobre la forma en que se movió el activo subyacente cuando todo estaba dicho y hecho. Por ejemplo, una llamada larga que está fuera del dinero vería pérdidas repentinas no realizadas si su activo subyacente cayera. Para comprender el mejor curso de acción en esta situación, se requiere un ejemplo secundario. Para este ejemplo, suponga que es a mediados de febrero y usted cree que Microsoft, que actualmente se encuentra en 93.30, está a punto de hacer un movimiento que lo coloca por encima de sus niveles de resistencia y termina en aproximadamente 95. Luego puede saltar fácilmente con una llamada cercana al dinero para julio, lo que le deja aproximadamente seis meses hasta el vencimiento y mucho tiempo para que ocurra el movimiento relacionado.

A partir de ahí, sin embargo, las cosas no salen según lo planeado y, en cambio, las acciones caen por debajo de $ 90. El precio de su llamada de julio ahora valdría solo alrededor de $ 1.25, por debajo de alrededor de $ 3 gracias al decaimiento del tiempo, creando una pérdida no realizada de $ 175 por opción comprada. Dado que todavía queda una buena cantidad de tiempo hasta el vencimiento, es posible que la acción aún pueda hacer que la opción sea rentable, pero la espera también tiene el potencial de generar pérdidas adicionales u otros costos de oportunidad que también podrían resultar en una pérdida de ganancias.

Una forma de mitigar esta pérdida es a través del proceso de promediar y comprar opciones adicionales, aunque esto solo aumenta su riesgo si las cosas siguen sin salir como esperaba. En cambio, un medio simple y efectivo de reducir su punto de equilibrio, al mismo tiempo que aumenta la posibilidad de obtener una ganancia, es reducir la posición a un diferencial de llamada alcista, que se analiza en el próximo capítulo. El concepto de reducirlo simplemente significa reemplazar una opción existente con una nueva opción que es similar en la mayoría de los aspectos, excepto que una tiene un precio de ejercicio más bajo que la otra. Utilizando esta práctica mans no tienes que ejercer la opción inicial ya que el tiempo se extiende hasta el final de la segunda opción.

Para usar esta estrategia en el ejemplo anterior, comenzaría colocando una orden para vender un par de llamadas en la fecha de vencimiento de julio a su precio objetivo de $ 95 por $ 1.25, que esencialmente se está quedando corto en la opción de compra inicial. Al mismo tiempo, querrá comprar una llamada adicional del 90 de julio y venderla por aproximadamente $2.90. El resultado de este proceso es un diferencial alcista que mejora las probabilidades de éxito y solo agrega una pequeña cantidad de riesgo adicional. Además, el punto de equilibrio se reduce drásticamente de $98 a $93,25.

A partir de ahí, suponiendo que las acciones de Microsoft continuaran cotizándose incluso más alto, más allá del punto de partida original, entonces su diferencial de llamada alcista sería lo suficientemente fuerte como para alcanzar el punto de equilibrio con una ganancia potencial para el objetivo de $ 95, aunque la cantidad máxima de ganancia para cada la opción será de $ 175 debido a la forma en que se construyó.

*Nombre del juego:* Estilo de reparación alternativo

*Quién debería ejecutarla:* esta estrategia es adecuada para veteranos

*Cuándo ejecutarla:* esta estrategia es efectiva en un mercado alcista

*Detalles:* Alternativamente, puede pasar a un margen de mariposa tradicional, que se analiza en el próximo capítulo, cuando la acción subyacente cae a $ 90. Al usar esta estrategia, en su lugar, querrá vender un par de llamadas de julio de $ 90, que se venderían por alrededor de $ 4 cada una, y al mismo tiempo se aferraría a la llamada larga de julio de $ 95. También necesitaría comprar una llamada para la fecha de julio a $ 85 que se vende por alrededor de $ 7.30 después de tener en cuenta el decaimiento del tiempo.

Verá que el riesgo total en realidad disminuye a la baja en este escenario, ya que el monto total del débito cae a $ 230, y también existe un riesgo limitado al alza si las acciones retroceden hacia el punto de equilibrio. Si la acción no va a ninguna parte, la operación también genera ganancias.

*Nombre del juego:* estrategia de reparación combinada

*Quién debería ejecutarlo:* esta estrategia es adecuada para todos los comienzos

*Cuándo ejecutarla:* esta estrategia es efectiva en un mercado alcista

*Detalles:* como se trata de una variación del margen de mariposa tradicional, la cantidad máxima de ganancias que puede esperar vendrá del precio de ejercicio de las dos llamadas cortas de $ 90 de julio que creó, pero el movimiento disminuye desde este punto hasta que comienza para generar pérdidas en su lugar. Como tal, también puede querer combinar las dos estrategias de reparación para crear un enfoque de reparación de lotes múltiples. Esta combinación se puede usar para preservar las probabilidades ideales que vienen con la producción de una ganancia de una pérdida potencial.

*Determinación del precio de ejercicio:* una de las facetas más importantes del uso efectivo de la estrategia de reparación es establecer el precio de ejercicio correcto para las opciones en cuestión. Este precio determinará en última instancia el costo de la operación e influirá en su punto de equilibrio. El mejor lugar para comenzar es considerando la magnitud de la pérdida no realizada de la que está saliendo. Por ejemplo, si compró una acción a $40 y ahora está a $30, su pérdida en papel es de $10 por acción.

En este caso, desearía comprar las opciones de pago en el dinero y al mismo tiempo cancelar las llamadas de dinero con un precio de ejercicio más alto que está por encima del precio de ejercicio de las opciones de compra compradas por la mitad de la pérdida de la acción. Esto significa que le gustaría comenzar con opciones de tres meses antes de seguir adelante según sea necesario. En términos generales, cuanto mayor sea la pérdida que ya haya experimentado, mayor será la cantidad de tiempo que tendrá que dedicar a repararla.

También es importante tener en cuenta que no será posible reparar todos los errores de forma gratuita, ya que los peores infractores requerirán un pequeño pago de débito para configurar la posición de una manera potencialmente rentable. Si su pérdida supera el 70 por ciento, es probable que no sea posible repararla en absoluto.

*Relajar la posición:* si bien el punto de equilibrio después de las situaciones hipotéticas discutidas anteriormente puede sonar bien ahora, cuando se encuentre en una situación similar en el mundo real, es posible que desee algo más que simplemente alcanzar el punto de equilibrio, es probable que desee hacer un esfuerzo adicional. beneficio también. Como ejemplo, suponga que las acciones de Microsoft que cayeron anteriormente ahora subieron a $ 60, lo que significa que ahora está interesado en mantenerlas en lugar de venderlas cuando lleguen a $ 70.

Deshacer una posición consiste en cerrar una posición positiva que anteriormente ha estado ejerciendo una función doble compensando inversiones alternativas. La reversión puede aumentar el riesgo de liquidez en algunos escenarios. Si un activo es menos líquido, puede ser difícil encontrar un comprador o vendedor interesado, lo que significa que el riesgo de liquidez es elevado. Independientemente de si una transacción se completó intencional o accidentalmente, todos los riesgos asociados con el valor en particular aún se aplican al intentar cancelarlo.

La reversión se convierte en una propuesta aún más ventajosa si la volatilidad en la acción subyacente ha aumentado hasta tal punto que usted decide que desea conservar la acción. Podrá encontrar sus opciones con un precio mucho más atractivo en este escenario, siempre y cuando permanezca en una buena posición con la acción subyacente.

Pueden surgir problemas en este escenario si intenta salir mientras las acciones se negocian al precio de equilibrio o por encima de él, ya que esto le costará, ya que el valor total de la opción en cuestión será negativo. Como tal, por lo general, solo debe considerar deshacer una posición existente si el precio se mantiene por debajo del precio de equilibrio original y las perspectivas futuras parecen prometedoras. De lo contrario, normalmente le irá mejor simplemente estableciendo una nueva posición en la misma acción al precio de mercado actual.

**Estrategias de reparación de llamadas cortas**

*Nombre del juego:* Cobertura Delta

*Quién debería ejecutarla:* esta estrategia es adecuada para veteranos

*Cuándo ejecutarla:* esta estrategia es efectiva en un mercado alcista o bajista

*Detalles:* Para entender esta estrategia, considere lo siguiente. Supongamos que posee una opción de compra negociada en bolsa sobre una acción cotizada (caso muy general). Si está disponible en cantidad suficiente, pida prestado y venda el valor subyacente sobre el que se suscribió la opción de compra (venderlo en corto).

179

Estarás largo en la llamada y corto en las acciones. Esto se denomina cobertura delta, ya que estaría operando en delta con las acciones. Delta se refiere a la volatilidad de los precios a corto plazo.

En otras palabras, venderá en corto un solo bloque grande de acciones y luego comprará acciones, en pequeños incrementos, cada vez que el mercado caiga levemente, sobre una base intradía. Cuando el precio de mercado de las acciones aumente gradualmente, venderá algunas acciones. De ida y vuelta, en respuesta a los movimientos de precios de mercado a corto plazo, manteniendo un "índice de cobertura" estático. A medida que su opción de compra original se acerque al vencimiento, transfiérala al próximo contrato disponible, ya sea de un mes o, preferiblemente, de tres meses hasta el vencimiento.

*Nombre del juego:* Short sintético

*Quién debería ejecutarla:* esta estrategia es adecuada para veteranos

*Cuándo ejecutarla:* esta estrategia es efectiva en un mercado bajista

*Detalles:* La posición corta sintética se utiliza para promover el pago de una posición corta perdedora. Se puede completar vendiendo una opción de compra que actualmente está en el dinero y, al mismo tiempo, comprando un número igual de opciones de venta que también están en el dinero para la misma acción subyacente y fecha de vencimiento. Es importante tener en cuenta que existen riesgos ilimitados cuando se trata de usar esta estrategia, junto con un potencial ilimitado de ganancias, lo que significa que se usa mejor cuando es bajista en el valor subyacente relacionado.

Puede pensar que esta estrategia es similar a la posición corta de acciones en su conjunto, ya que no hay un máximo de ganancias mientras el precio de las acciones subyacentes continúe cayendo. Además, normalmente se toma un crédito al entrar en este escenario, ya que las llamadas casi siempre serán más caras que las opciones de venta. Esto significa que incluso si el precio de la acción subyacente permanece relativamente sin cambios durante el tiempo de vencimiento, aún habrá un potencial de ganancias basado en la cantidad del crédito inicial que se tomó. La fórmula para determinar una ganancia en este escenario es la siguiente:

Beneficio máximo = Ilimitado

Beneficio obtenido cuando el precio del subyacente < precio de ejercicio de la opción put larga + la prima neta recibida

Beneficio = precio de ejercicio de opción de venta larga - precio del subyacente + prima neta recibida

Al igual que con el potencial ilimitado de recompensa, el potencial de riesgo en este escenario, para determinar el potencial de pérdida, considere lo siguiente:

Pérdida Máxima = Ilimitado

La pérdida ocurre cuando el precio del subyacente > el precio de ejercicio de la llamada corta + la prima neta recibida

Pérdida = Precio del Subyacente - Precio de Ejercicio de Call Corto - Prima Neta Recibida + Comisiones Pagadas

Finalmente, el punto de equilibrio en este escenario se puede determinar a través de lo siguiente:

Punto de Equilibrio = Precio de Ejercicio de Venta Larga + Prima Neta Recibida

*Nombre    del    juego:*

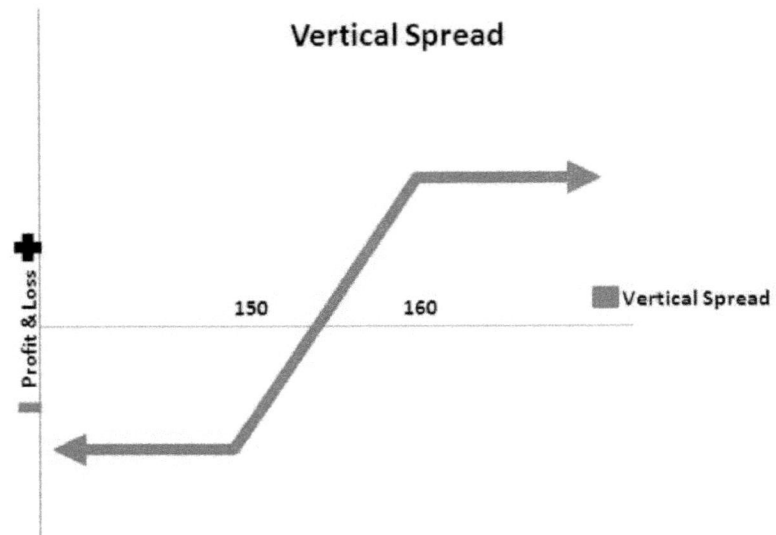

Dispersión vertical

*Quién debería ejecutarla:* esta estrategia es adecuada para todos

*Cuándo ejecutarla:* esta estrategia es más efectiva en un mercado alcista

*Detalles:* un margen vertical es una variación de la opción de margen común en la que el par de opciones que compró, una larga y otra corta, tienen diferentes precios de ejercicio y la misma fecha de vencimiento. Por ejemplo, si compra una opción sobre acciones por $60 y al mismo tiempo la vende por $70, habrá creado un diferencial vertical.

Como ejemplo, suponga que ha comprado una cantidad de acciones subyacentes que actualmente valen $ 50, aunque el mercado indica que es probable un aumento a $ 55 o más en las tarjetas en el futuro cercano. Para aprovechar mejor este hecho, querrá utilizar una distribución vertical. Como tal, comenzaría comprando una opción de compra por $ 50, al mismo tiempo que crea una opción de venta por $ 55. La llamada de $50 ya estará en el dinero, lo que significa que tendrá una prima de $1. La opción de venta de $55 tendrá entonces una prima de $0,25 y

182

actualmente está fuera del dinero. Esto significaría que pagaría $ 1 para ganar $ 0,025 con el costo de $ 0,75 de su bolsillo.

Con su configuración en su lugar, hay dos resultados posibles. Las acciones aumentarán de precio como estabas anticipando, o caerán inesperadamente. Si termina haciendo una mala predicción y ve que el precio baja de $ 50 a $ 45, ambas llamadas vencerán y usted solo perderá 75 centavos. Sin embargo, si el precio sube como tiene motivos para creer que lo hará, entonces el precio ahora es de $55, lo que significa que ambas opciones tienen primas, la primera de $6 y la segunda de $1. La llamada que vendió se convierte en una llamada desnuda y deberá cerrar su posición antes de la fecha de vencimiento de las opciones para protegerse.

A partir de ahí, el siguiente paso es vender la llamada de $50 con una ganancia y, al mismo tiempo, volver a comprar la llamada de $55 que vendió anteriormente. Esto le permitirá vender la llamada por $6 antes de comprar el resto por $1. En total, terminará ganando alrededor de $ 4.25 por acción después de que se hayan tenido en cuenta todas las tarifas de transacción.

Sin embargo, si el precio sube hasta $ 60 en lugar de solo $ 55, aún verá sus ganancias limitadas, de la misma manera que también se limitó el riesgo. Si el precio llega a $ 60, significa que la llamada de $ 50 sería $ 10 en el dinero, por lo que tendría una prima de $ 11. La llamada de $55 también estaría en el dinero aún con una prima de $6. Esto significa que, en última instancia, su beneficio total seguirá siendo el mismo.

Esto se basa en el hecho de que una vez que ambas llamadas han llegado al dinero, el total de ganancias siempre estará limitado por la diferencia entre los dos precios de ejercicio, menos el costo de las tarifas. Esto también significa que el mejor de los casos para este tipo particular de diferencial sería que la acción subyacente alcanzara el precio de la opción de venta, pero no más alto, ya que nada más afectará su beneficio general. Si bien su potencial de ganancias es limitado en este caso, el hecho de que este tipo de diferencial cueste menos crear que una opción de compra estándar lo convierte en una opción viable en situaciones en las que solo se espera que el precio de la acción subyacente se mueva una pequeña cantidad. Esto lo convierte en una opción ideal cuando se trata de acciones que están atrapadas en un período de optimismo moderado.

*Nombre del juego:* Dispersión horizontal

*Quién debería ejecutarla:* esta estrategia es adecuada para todos

*Cuándo ejecutarla:* esta estrategia es más efectiva en un mercado bajista

*Detalles:* un diferencial horizontal, también conocido como diferencial de tiempo o diferencial de calendario, es una estrategia de diferencial que incluye dos opciones con el mismo precio de ejercicio y

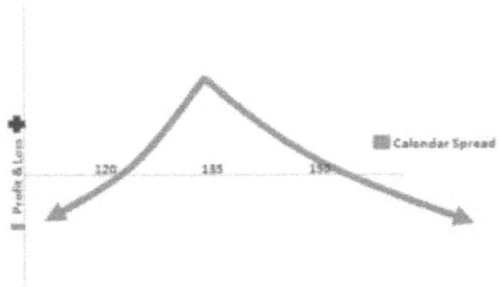

diferentes fechas de vencimiento. Al usar esta estrategia, es importante tener en cuenta que la prima de una opción dada siempre disminuirá en valor a medida que disminuya la cantidad de tiempo que le queda a la opción. Además, cuanto más se acerque a la fecha de caducidad, más rápido se producirá esta caída. El diferencial horizontal es útil porque utiliza este decaimiento para obtener ganancias.

Por ejemplo, suponga que compró una opción a mediados de junio para una acción subyacente que ya posee. Para generar un diferencial horizontal, querrá encontrar el precio de ejercicio de la opción cuando vence en agosto, que es de $4, y el precio de ejercicio de la opción cuando vence en septiembre, que sería de $4,50.

Para comenzar esta estrategia, querrá vender la opción con la fecha de vencimiento de agosto, ya que es el más cercano de los dos pares. Al mismo tiempo, también querrá vender la opción que tiene la última fecha de vencimiento, lo que significa que ganará un total de $4 de la primera venta y luego gastará $4.50 en la segunda, lo que significa que esta estrategia solo le costará $0.50 para configurado correctamente.

Una vez que esté configurado correctamente, lo siguiente que deberá hacer es mantener el par de opciones restantes durante al menos un mes, hasta que se acerque la primera fecha de vencimiento. En este punto, la prima habrá bajado notablemente, probablemente a alrededor de $1,50, mientras que la segunda prima debería mantenerse en alrededor de $3. En este punto, querrá cerrar la posición de diferencial comprando la primera opción a $1,50 y vendiendo la segunda opción a $3, ganando $1,50 en el proceso, $1 sin cargos. Esta estrategia es tan efectiva para las llamadas como para las opciones de venta.

*Nombre del juego:* Ratio spread

*Quién debería ejecutarla:* esta estrategia es adecuada para veteranos

*Cuándo ejecutarla:* esta estrategia es más efectiva en un mercado alcista

*Detalles:* La relación de distribución es una variación de la distribución vertical. Implica el uso de varias opciones diferentes con la misma fecha de vencimiento y es más efectivo cuando se usa con activos subyacentes que son conocidos por tener un nivel extremadamente bajo de volatilidad, por lo que las oportunidades neutrales son las

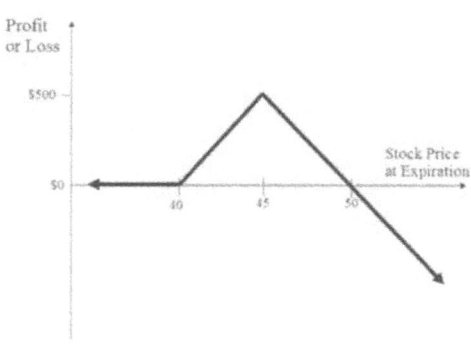

mejores. Como su nombre lo indica, ambas estrategias implican crear una proporción de opciones vendidas en comparación con las que se compran. Esta proporción variará según sus necesidades, aunque los ejemplos a continuación funcionan con una proporción de 2 a 1 de opciones vendidas a opciones compradas.

En términos generales, esta estrategia tiene más en común con el cóndor de hierro y la mariposa de hierro. Tenga en cuenta, sin embargo, que el uso del diferencial de la relación implica un aumento significativo en el riesgo, así como también un aumento en las ganancias potenciales. Este riesgo se compensa aún más por el hecho de que genera menos opciones en general, por lo que los costos generales, naturalmente, seguirán siendo más manejables.

El diferencial de la relación de venta tiene un perfil neutral de riesgo y beneficio y se genera con 3 opciones de venta (en una relación de 2:1). Para crear uno, querrá comprar una opción de venta que ya está en el dinero y vender las otras dos en una posición que actualmente está justo en el dinero. Por lo general, hay muy poco costo inicial para este tipo de estrategia y, de hecho, puede generar una pequeña cantidad de ganancias cada vez que se usa. Esto se debe al hecho de que el costo de la opción que está en el dinero será muy cercano, si no menos de lo que se hará cuando venda el par de opciones que ya están en el dinero.

Para utilizar esta estrategia de manera efectiva, querrá tener en cuenta que la ganancia adicional no se materializará si el precio de la acción subyacente aumenta hasta un punto por encima del precio de la opción, después de que la opción ya está en el dinero. Además, no generará pérdidas adicionales si no es así como se desarrollan las cosas, ya que todas las opciones caducarán sin ningún valor. Una vez que el precio de la acción subyacente disminuya por debajo del precio de ejercicio, tendrá que recurrir a la venta de la opción en el dinero para obtener una ganancia. El potencial de ganancias en este escenario seguirá aumentando a medida que disminuya el precio de las acciones relacionadas.

Es igualmente importante tener en cuenta que después de que el precio de la acción subyacente disminuya hasta un punto en el que esté por debajo del precio de ejercicio inicial de las opciones in the money, entonces su potencial de ganancias disminuirá significativamente. Este es también el punto en el que las opciones que están en el dinero dejarán de caducar sin problemas y deberán volver a comprarse si espera evitar pérdidas adicionales. Estas pérdidas se multiplicarán en este caso, ya que la cantidad de opciones que tiene para recomprar será el doble de lo que puede compensar vendiendo las opciones que aún tiene.

Suponiendo que este sea el caso, entonces el diferencial de la relación de venta tendrá un perfil de beneficio neutral que es solo un poco alcista. Esto significa que solo logrará el máximo beneficio si el precio de las acciones subyacentes alcanza el precio de ejercicio de la opción original en el dinero. Después de que esto ocurra, querrá esperar aún más para vender la opción que ya está en el dinero antes de dejar que venza el par restante.

Cualquier cosa más allá de este punto es en gran medida irrelevante, ya que la volatilidad positiva no generará pérdidas o ganancias adicionales, ya que las tres opciones de venta verán todos los mismos niveles de movimiento, cancelando esencialmente la posibilidad de ganancias adicionales. Alternativamente, si esta volatilidad termina siendo negativa, entonces tiene el potencial de encerrarlo en una pérdida grave ya que hay poco que lo controle. El mismo proceso (a la inversa) se puede utilizar para llamadas en lugar de opciones de venta.

186

*Nombre del juego:* Frente extendido

*Quién debería ejecutarla:* esta estrategia es adecuada para veteranos

*Cuándo ejecutarla:* esta estrategia es más efectiva en un mercado alcista

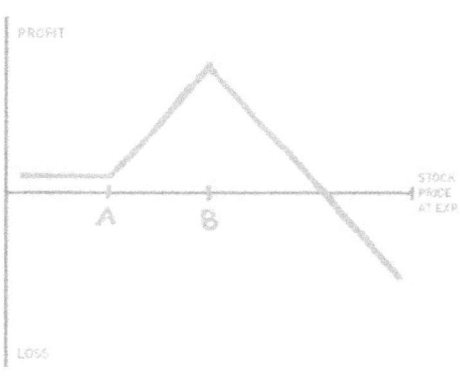

*Detalles:* la estrategia de call de margen frontal se puede utilizar comenzando con una call que ya está en el dinero o ligeramente por debajo de ese punto, siempre que el precio aún tenga descuento. El objetivo final aquí es tomar el control de la llamada una vez que alcanza el primer precio de ejercicio para garantizar solo una pequeña pérdida o incluso una ligera ganancia al vender 2 llamadas al segundo precio de ejercicio. Ambos precios de ejercicio necesitarán el mismo mes de vencimiento para obtener los mejores resultados.

También querrá tener en cuenta que esta estrategia tiene un techo de riesgo extremadamente alto y planificar en consecuencia. Esto significa que deberá asegurarse de avanzar solo si sus indicadores técnicos le dan el visto bueno y confirman que es el momento adecuado para atacar.

Para usar esta estrategia de la manera más efectiva posible, querrá esperar un mercado alcista que respalde las acciones subyacentes que tiene en mente. También debe tener motivos para creer que alcanzará el precio de ejercicio secundario antes de que alcance el nivel de resistencia. Si no cree que el mercado es lo suficientemente fuerte como para que este sea el caso, entonces probablemente debería considerar estrategias alternativas.

Idealmente, querrá que el precio del activo subyacente se mueva entre los dos precios de ejercicio lo más rápido posible. Esto, a su vez, creará una tapadera para una de las llamadas y, al mismo tiempo, dejará una abierta con la esperanza de obtener ganancias adicionales. Este potencial de ganancia adicional también lo dejará abierto a un riesgo adicional si las cosas cambian, por lo que es importante vigilar las acciones subyacentes relacionadas si están en juego. También es extremadamente importante establecer stop loss adicionales en un punto que esté por debajo del precio de ejercicio secundario para mantener al mínimo las pérdidas inevitables.

El riesgo asociado con esta estrategia también puede mitigarse mediante el uso de opciones de índice en lugar de opciones regulares. Las opciones sobre índices suelen ser una elección fiable cuando necesita una estrategia de opciones más arriesgada, ya que tendrán menos volatilidad que incluso las opciones regulares de baja volatilidad. Esto se debe al hecho de que hay tantas opciones diferentes operando al mismo tiempo que varias partes del movimiento generalmente se anulan entre sí.

Para usar esta estrategia de manera efectiva, querrá comenzar comprando una llamada a un precio de ejercicio rentable antes de continuar con un segundo par a un precio de ejercicio secundario. El precio de las acciones subyacentes debería ser suficiente para garantizar que es probable que obtenga una ganancia de la primera operación y, al mismo tiempo, tenga tiempo suficiente para vender el segundo par para pagar la gran mayoría del precio de compra. Idealmente, esto dará como resultado una llamada que está extremadamente cerca de su fecha de vencimiento para maximizar aún más su potencial de ganancias. Esto hace que el plazo preferido para esta estrategia sea entre 30 y 45 días. También puede usar esta estrategia de manera efectiva si compra las acciones subyacentes directamente a través de una opción de compra descubierta si no está preocupado por todo el riesgo.

Esta estrategia es efectiva porque utiliza el decaimiento del tiempo de manera efectiva al reducir el valor de la opción que está comprando y al mismo tiempo aumentando la ganancia para cada una de las opciones que está vendiendo. El mismo proceso se puede usar con puts también.

*Nombre del juego:* Double diagonal put spread

*Quién debería ejecutarla:* esta estrategia es adecuada para veteranos

*Cuándo ejecutarla:* esta estrategia es más efectiva en un mercado bajista

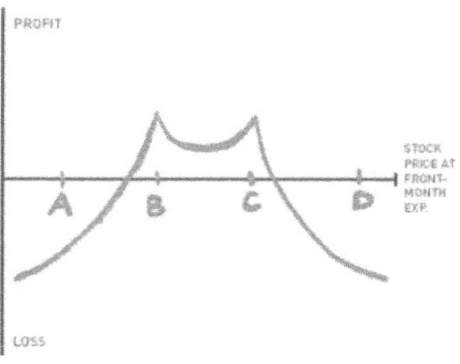

*Detalles:* para aprovechar la estrategia de la doble diagonal, comenzará con un margen de venta diagonal combinado con un margen de llamada diagonal. Puede crear una extensión diagonal a partir de una extensión horizontal simplemente moviendo la pierna larga al punto de ataque con el marco de tiempo modificado. La cantidad de cambios en el marco de tiempo no importa, cualquier extensión con piernas en diferentes meses se considera diagonal para estos fines.

Una vez que haya configurado con éxito la llamada diagonal, lo siguiente que tendrá que hacer es agregar una extensión de llamada corta secundaria además de una extensión de calendario larga para aprovechar al máximo la disminución de tiempo que se está produciendo. dentro de la opción. Eventualmente, venderá la llamada secundaria después de que alcance el punto de ataque inicial que respaldó por primera vez con la llamada corta. Esto, a su vez, le permitirá generar créditos netos, lo que significa que todo lo que supere el precio de la segunda llamada puede contarse como pura ganancia. El mismo proceso se aplicará tanto a las opciones de venta como a las opciones de compra.

Si grafica estas líneas, deberá tener en cuenta que las líneas de pérdidas y ganancias nunca serán rectas, ya que la opción de dos meses seguirá activa si se produce la gráfica. Los ángulos duros, junto con las líneas rectas, solo existirán si las opciones que se grafican caducan dentro del mismo período de tiempo general. Si bien esto puede parecer inicialmente complejo, puede ser útil considerarlo como un medio para beneficiarse del movimiento del mercado que es, más o menos, neutral y que luego se distribuye en varios ciclos de vencimiento.

189

El mejor de los casos para esta estrategia es cuando la acción subyacente está aproximadamente a la mitad de la segunda convocatoria. Cuanto más se acerque al punto medio, más rentable será la transacción a largo plazo. Esto significa que si no se toma el tiempo para configurarlo correctamente, es probable que varios sesgos del mercado se inmiscuyan y sesguen los resultados hacia una tendencia bajista o alcista. Si las acciones se mantienen cerca del punto medio, las opciones que vendió vencerán sin pérdidas para usted, lo que le permitirá retener la mayor cantidad posible de la prima.

Esto ocurrirá porque la segunda llamada y la primera junta sirven para mitigar el riesgo, independientemente de cuánto se termine moviendo el activo. Idealmente, funcionará de tal manera que genere un crédito neto, aunque puede que no siempre sea así. Esto se debe al hecho de que las operaciones del primer mes naturalmente siempre tendrán menos tiempo, lo que puede resultar en débitos netos en ocasiones. Si esto ocurre, generalmente podrá compensar la diferencia vendiendo las opciones restantes una vez que expire el par en el mes anterior.

Si esta posibilidad se cumple, suponiendo que el precio de las acciones subyacentes esté más o menos cerca del precio de la primera opción de compra, pero aún no al precio de la segunda opción de venta, querrá comprar otra opción que esté más cerca del par de opciones de venta. Si lo hace, le permitirá crear esencialmente una opción de venta gratuita que debe poner al precio de ejercicio secundario por el precio de la tercera llamada o el tercer precio de ejercicio. Estas opciones recién acuñadas también deberían compartir el precio de ejercicio con las otras opciones del mes secundario. Este proceso se conoce como implementación y, en ocasiones, puede servir para generar ganancias significativamente mayores.

*Nombre del juego:* Skip strike mariposa call spread

*Quién debería ejecutarla:* esta estrategia es adecuada para veteranos

*Cuándo ejecutarla:* esta estrategia es más efectiva en un mercado alcista

*Detalles:* La diferencia entre el spread de mariposa promedio y el spread de llamada de mariposa de skip strike es que la variación de skip strike está mucho más enfocada en la dirección en la que se mueve el precio que la versión tradicional. Con esta versión, deberá asegurarse de que el precio de las acciones subyacentes aumente, pero no tanto como para superar el precio de ejercicio secundario que configuró. Las llamadas en el segundo ejercicio, así como en el cuarto punto, estarán cerca de 0 y usted retendrá la prima creada por la llamada realizada en el punto de precio original.

Esta estrategia combina un margen de llamada largo de mariposa con un margen de llamada corto clásico. Esto significa que usted descarga el diferencial de llamadas cortas para generar la ganancia que pagará la mariposa. Como cada una de estas estrategias implica comprar una llamada al precio al que finalmente la venderá, puede omitir esta parte del proceso. Sin embargo, el margen que se crea en torno a la llamada corta significa que esta estrategia no cuesta mucho para generar el potencial de un aumento significativo en las ganancias, así como en el riesgo.

Para que esta estrategia sea lo más efectiva posible, necesitará que ambos precios de ejercicio estén igualmente espaciados con el mismo mes de vencimiento. Idealmente, el precio se mantendrá en el precio de ejercicio primario o por debajo de él sin aumentar más. También debe esforzarse por comprar una opción call al precio de ejercicio inicial antes de vender dos opciones call diferentes al mismo precio de ejercicio secundario. Finalmente, deberá omitir el tercer precio de ejercicio y, en su lugar, comprar una llamada al precio de ejercicio final.

Esta puede ser una estrategia particularmente útil para implementar cuando su objetivo principal es mantener su riesgo lo más bajo posible. Esto se debe a que la acción subyacente aún necesitaría ver un movimiento significativo antes de romper la resistencia del precio de ejercicio. El riesgo se puede mitigar en un grado aún mayor si agrega índices a la combinación, ya que tienen una volatilidad general aún más baja. Esta estrategia también es útil si se siente optimista sobre el estado actual del mercado y siente que esa perspectiva continuará.

Además, siempre que tenga la suerte de ver un movimiento continuo hasta el tercer precio de ejercicio y más allá, puede esperar de manera realista continuar obteniendo ganancias, incluso si el punto de vencimiento es uno que normalmente solo le permitiría romper incluso. Para maximizar aún más su potencial de ganancias, deberá comprometerse por completo en el momento y decidir si desea ejercer cuando el precio de las acciones alcance el precio de ejercicio secundario. Si decide seguir adelante, verá una ganancia que se basa en la diferencia entre el primer precio de ejercicio y el segundo precio de ejercicio.

*Nombre del juego:* Poner atrás propagación

*Quién debería ejecutarla:* esta estrategia es adecuada para veteranos

*Cuándo ejecutarla:* esta estrategia es más efectiva en un mercado bajista

*Detalles:* también conocido como diferencial de relación inversa, un diferencial posterior es un tipo de estrategia de negociación de opciones que se utiliza idealmente cuando sabe que una acción subyacente experimentará un alto grado de volatilidad y también tiene una idea

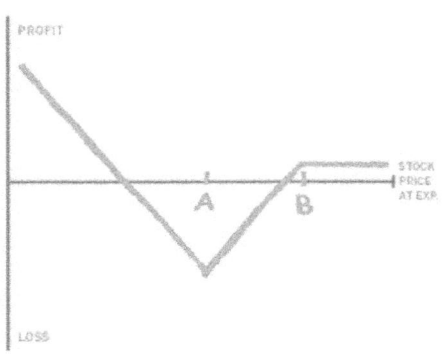

decente de la dirección. el precio va a entrar a vivir pero estás 100 por ciento convencido. Entonces, si la acción subyacente se mueve mucho en la dirección prevista, verá una ganancia significativa. Si se mueve en la dirección opuesta, aún obtendrá una ganancia, aunque no será tan grande. Sin embargo, si la acción subyacente solo se mueve una pequeña cantidad, verá una pérdida en su lugar.

Si es bajista con respecto a la fortaleza actual de la acción subyacente en cuestión, entonces querrá usar lo que se conoce como diferencial de devolución, aunque un diferencial de relación de venta funcionará en caso de apuro, ya que las opciones de venta se pueden usar en esta estrategia. . Para comenzar a usar esta estrategia, querrá comenzar con cualquier cantidad de opciones de venta fuera del dinero. Al mismo tiempo, querrá vender una cantidad menor de opciones de venta en el dinero. Esto creará un crédito neto y ayudará a aumentar sus ganancias independientemente del resultado final de las operaciones.

Si bien esta estrategia es igualmente efectiva independientemente de la cantidad de opciones de venta que compre, la variación más simple lo verá comprar una sola opción de venta que está en el dinero mientras compra dos más que ya están fuera del dinero. Luego, si la acción subyacente se mueve a un punto que es más alto que el precio de ejercicio de la opción de venta que está en el dinero y se vende, puede dejar que venza sin perder la prima crediticia ya que las tres opciones de venta vencerán porque son funcionalmente inútiles.

Mientras tanto, si el precio de la acción termina en algún lugar entre el precio de ejercicio que está dentro del dinero y el precio de ejercicio del par que está fuera del dinero, perderá dinero porque tendrá que volver a comprar la opción dentro del dinero y el par de opciones out of the money que van a vencer. Sin embargo, si el precio de la acción subyacente cae por debajo del precio de ejercicio de la opción de venta fuera del dinero, comenzará a ver ganancias potencialmente ilimitadas, ya que el costo de comprar la opción dentro del dinero se verá compensado en gran medida por las ganancias que obtendrá. hacer vendiendo el par de opciones fuera del dinero.

También es importante recordar que no puede permitir que caduquen las posiciones de back spread porque ya las vendió, lo que significa que tendrá que volver a comprarlas para garantizar que no se ejercerán. Esto significa que es importante dejar siempre suficientes fondos disponibles para recomprar las opciones si el precio de la acción subyacente no se mueve según lo planeado.

*Nombre del juego:* Relación de llamada back spread

*Cuándo ejecutarla:* esta estrategia es más efectiva en un mercado alcista

*Detalles:* El back spread de la relación de llamadas es el tipo de back spread que querrá usar si se encuentra alcista en una acción subyacente en particular. El diferencial de devolución de llamada se puede crear comprando cualquier cantidad de opciones de llamada fuera del dinero y luego vendiendo una cantidad ligeramente menor de opciones de llamada que están actualmente en el dinero. La forma más común de hacerlo es comprando un par de opciones de compra fuera del dinero y vendiendo una opción de compra que está actualmente en el dinero. Esta estrategia generará una prima ya que el costo de las dos opciones se compensará con la venta de la tercera.

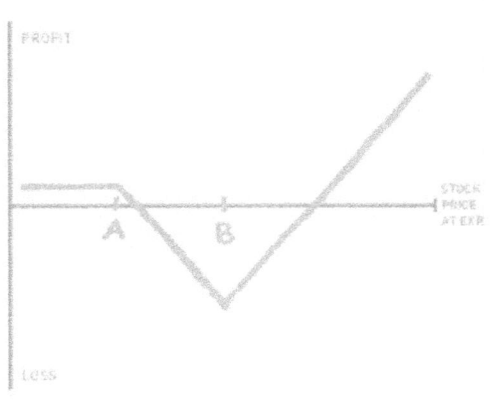

Si el precio de la acción subyacente cae por debajo del precio de ejercicio, las tres opciones vencerán sin ningún valor. Sin embargo, aún obtendrá la prima inicial neta. Si la acción subyacente se mueve a un punto que es más alto que el precio de ejercicio en el dinero pero aún está por debajo del precio de ejercicio de las llamadas iniciales, entonces perderá dinero ya que el par de llamadas no tendrá valor, pero aún así necesita recomprar la opción call al precio de ejercicio dentro del dinero.

Una vez que el precio de la acción subyacente se mueve más allá del precio de ejercicio del dinero, entonces su potencial de ganancias realmente se dispara. La opción call dentro del dinero seguirá aumentando de valor, por lo que será necesario volver a comprarla, pero este precio se verá mitigado por las ganancias adicionales observadas en el par de opciones call cuyas ganancias seguirán el ritmo.

## CAPÍTULO 7: BANDA DE BOLLINGER

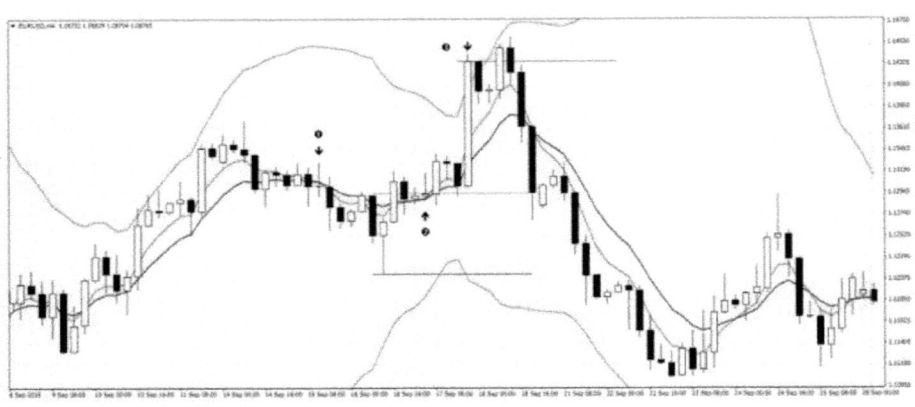

Las bandas de Bollinger pueden ser una herramienta eficaz para operar con opciones con éxito, ya que son especialmente hábiles para determinar si un mercado determinado está sobrevendido o sobrecomprado. La configuración predeterminada de la banda de Bollinger se basa en el promedio móvil de 20 días y tiene dos desviaciones estándar. La banda superior suele estar 2 desviaciones estándar por encima del promedio móvil de 20 días y la banda inferior se establece 2 desviaciones estándar por debajo del promedio móvil de 20 días. Luego, el activo subyacente se negocia entre estos dos precios con niveles de sobreventa que alcanzan la banda inferior y niveles de sobrecompra que superan la banda superior. El ancho de la banda representa entonces la volatilidad del activo subyacente.

*Nombre del juego:* estrategia básica de la banda de Bollinger

*Quién debería ejecutarla:* esta estrategia es adecuada para todos

*Cuándo ejecutarla:* esta estrategia es más efectiva en un mercado alcista

*Detalles:* en términos generales, si el mercado tiene una tendencia alcista, puede usar una lectura de banda de Bollinger sobrecomprada para determinar cuándo

196

comprar call o vender put según sea necesario en función de la fuerza de su creencia de que la tendencia en cuestión continuará como se espera . como cuán averso al riesgo eres en general. Si el precio finalmente alcanza el más alto de las bandas de Bollinger, querrá tomar una parte de sus ganancias antes de restablecer sus paradas a un punto más alto con el resto de sus tenencias para maximizar la tendencia positiva que ha identificado correctamente.

Si tiene un estilo de negociación más agresivo, también podría considerar duplicar en este punto y comprar put adicionales o vender call adicionales. Si el mercado ya está en una tendencia bajista, las elecciones que debe hacer se invertirán. Obtendrá los mejores resultados si utiliza esta estrategia en un mercado que actualmente no muestra tendencias serias en ninguna dirección, ya que bajo estas condiciones encontrará las lecturas de sobrecompra o sobreventa más fuertes. Esto es el resultado del hecho de que aquí es cuando encontrará las fuerzas más competidoras que empujan el mercado en diferentes direcciones.

Al intentar cualquier estrategia de banda de Bollinger, deberá recordar que el precio siempre tendrá una fuerte preferencia cuando se trata de la fluctuación alrededor de la banda central de Bollinger. Esto significa que deberá dedicar un tiempo a aprender a detectar esta tendencia de manera confiable para asegurarse de que puede usar estas estrategias correctamente. No olvides que la banda superior es similar a la resistencia y la inferior es similar al soporte.

También encontrará los mejores resultados con esta estrategia si se enfoca en gráficos a nivel de hora o superior, ya que la información adicional que puede obtener de estos gráficos le facilitará mucho determinar con precisión el verdadero alcance del mercado. Para construir la mejor estrategia comercial posible, también deberá considerar si el activo subyacente en cuestión se está negociando dentro del rango, ya que esto también mejorará sus resultados generales.

*Nombre del juego:* estrategia de banda de Bollinger de 60 segundos

*Quién debería ejecutarla:* esta estrategia es adecuada para veteranos

*Cuándo ejecutarla:* esta estrategia es efectiva tanto en un mercado alcista como bajista

*Detalles:* esta estrategia es extremadamente efectiva para los comerciantes de opciones binarias impacientes, ya que puede usarse para cualquier activo subyacente y en cualquier sesión comercial. Para que esta estrategia funcione correctamente, el marco de tiempo se establecerá en 60 segundos y las bandas se establecerán en sus niveles estándar. El tiempo de caducidad será de 5 minutos.

Cuando se trata de comprar opciones de compra con éxito con esta estrategia, siempre querrá estar atento a las condiciones que actualmente están sobrevendidas. Si el precio se ha roto por debajo de la banda más baja, entonces podrá esperar un toque y regresar dentro de solo tres bandas. Una vez que esto suceda, tendrá toda la confirmación que está buscando para realizar una orden de compra con confianza. El patrón de confirmación ideal que va a buscar es el patrón de velas de inversión.

Si está interesado en utilizar esta estrategia para comprar opciones de venta, querrá estar atento a las condiciones de sobrecompra. Querrá esperar hasta que el instrumento comercial rompa por encima de la banda superior para anticipar un toque y regresar dentro de 2 o 3 bandas. Después de que esto haya ocurrido, tendrá la confirmación de una tendencia bajista que está buscando y podrá continuar y realizar una orden de compra. Querrás usar una formación de reversión de velas japonesas para confirmar.

*Nombre del juego:* estrategia de la banda de Bollinger de 60 minutos

*Quién debería ejecutarla:* esta estrategia es adecuada para veteranos

*Cuándo ejecutarla:* esta estrategia es efectiva tanto en un mercado alcista como bajista

*Detalles:* esta estrategia utiliza un par de bandas de Bollinger, así como un indicador de impulso. El marco de tiempo para esta estrategia será de 15 minutos, con un tiempo de vencimiento de 60 minutos, lo que debería darle cuatro velas completas para trabajar. Las bandas de Bollinger tendrán la EMA estándar de 20 días con el par de bandas, cada una con una desviación estándar de 2. Luego querrá asegurarse de que el indicador de impulso esté configurado para 11 períodos.

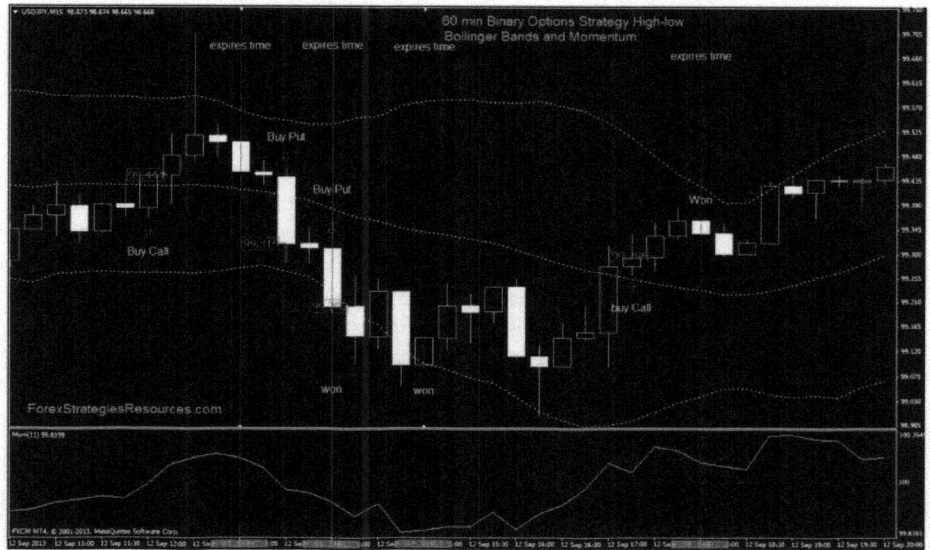

Si está buscando comprar una opción de compra en este escenario, querrá que el precio del activo subyacente esté por lo menos por encima de la banda media. Además, el indicador de impulso también debería estar al norte de 100. Cuando se trata de opciones de venta, querrá comprar una opción de venta solo si el precio está por debajo de la banda media con un indicador de impulso inferior a 100.

Para que esta estrategia sea efectiva, deberá asegurarse de que se cumplan las dos condiciones para el tipo de opción que está considerando antes de determinar su punto de entrada. Si hay un cruce en la banda central de Bollinger pero el indicador de impulso sigue siendo inferior a 100, querrá evitar hacer llamadas. Lo mismo ocurre con las opciones de venta si el indicador de impulso es superior a 100.

199

*Nombre del juego:* Scalping Bollinger Bands

*Quién debería ejecutarlo:* esta estrategia es adecuada para todas las estrellas

*Cuándo ejecutarla:* esta estrategia es efectiva tanto en un mercado alcista como bajista

*Detalles:* esta estrategia es útil cuando se trata de activos subyacentes que forman parte del mercado de divisas, específicamente el par GBP/JPY, comúnmente conocido como Dragon. Este nombre se ganó debido al movimiento extremo que el par suele ver en un solo día con rangos de entre 100 y 200 pips como promedio. Afortunadamente, esta estrategia hace que la pareja sea mucho más fácil de domar de lo que sería el caso. Aún así, solo querrá usar esta estrategia si tiene una tolerancia muy alta al riesgo y una vez que tenga un conocimiento firme de los conceptos básicos del comercio de opciones.

El objetivo de esta estrategia es hacer scalping al par Dragón en los gráficos de un minuto. Para empezar, deberá configurar las tres bandas de Bollinger, de modo que estén configuradas en 50, frente a los 50 más tradicionales. La primera banda

tendrá una desviación de 2, la segunda tendrá una desviación de 3 y la tercera tendrá una desviación de 4. Asegúrese de agregar las bandas al gráfico por separado para obtener los mejores resultados. Una vez hecho esto, deberá estar atento al primer toque y ruptura que se produce cerca de la primera banda de Bollinger.

A partir de ahí, querrá observar el precio hasta que esté aproximadamente a mitad de camino entre la primera y la tercera banda. Idealmente, querrá que el precio alcance la banda central, aunque esto no es obligatorio. Una vez que se cumpla esta condición, podrá operar en la dirección opuesta a la tendencia actual en preparación para la reversión que probablemente sea entrante. Específicamente, deberá ingresar al mercado utilizando una opción de venta cuando el precio supere la primera banda de Bollinger con la que entra en contacto. Críticamente, también debe moverse un mínimo de la mitad de la segunda banda para obtener los mejores resultados.

Esta estrategia es útil en una amplia variedad de escenarios, ya que ignora por completo las tendencias y no incluye filtros cuando se trata de limitar las tendencias que puede seguir. Como tal, es una estrategia puramente contraria a la tendencia, lo que significa que usarla con el Dragón lo abre a una cantidad significativa de riesgo. Esto significa que solo querrá utilizarlo una vez que haya determinado el alcance de la tendencia actual mediante el uso de estrategias adicionales.

Sin embargo, si puede identificar con éxito un mercado variable, o al menos uno que no tenga una tendencia demasiado fuerte, entonces los resultados de esta estrategia pueden ser bastante efectivos. Si el mercado está variando actualmente, entonces el precio de mercado rebotará naturalmente entre las bandas de Bollinger, por lo que puede ser tan fácil ganar dinero operando contra la tendencia en este caso. También es importante tener en cuenta que al usar el gráfico de 1 minuto se encontrará con mucho exceso de ruido, que es exactamente lo que esta estrategia busca explotar y significa que está en el camino correcto.

Siempre que el precio del activo subyacente no se mueva en una sola dirección durante un período prolongado de tiempo, se puede ganar dinero mediante el uso de esta estrategia. El tiempo de caducidad de esta estrategia normalmente debe ser mayor que el marco de tiempo del gráfico que está utilizando, pero en este caso, una opción de 60 segundos puede funcionar tan bien como una un poco más larga.

La variable más importante en lo que respecta al éxito con esta estrategia será el comerciante que la está utilizando. Si puede determinar con precisión el estado actual del mercado, así como si está en rango o en tendencia, entonces también será posible obtener grandes ganancias. De lo contrario, solo generará pérdidas a largo plazo. Esto significa que es igualmente importante poner en práctica esta estrategia antes de usarla en el mundo real, solo para asegurarse de conocer los detalles y evitar enfrentarse a un riesgo que no puede contabilizar con precisión.

## CAPÍTULO 8:
## LAS MEJORES ESTRATEGIAS DE OPCIONES BINARIAS

*Nombre del juego:* Estrategia de oscilador estocástico

*Quién debería ejecutarla:* esta estrategia es adecuada para veteranos

*Cuándo ejecutarla:* esta estrategia es efectiva en un mercado alcista o bajista

*Detalles:* el oscilador estocástico es un indicador de impulso que compara el precio de cierre de un activo determinado con una amplia variedad de precios que alcanzó durante un período de tiempo específico. La sensibilidad de este oscilador a los movimientos precisos del mercado se puede minimizar ajustando el período de tiempo tomando un promedio móvil de sus resultados.

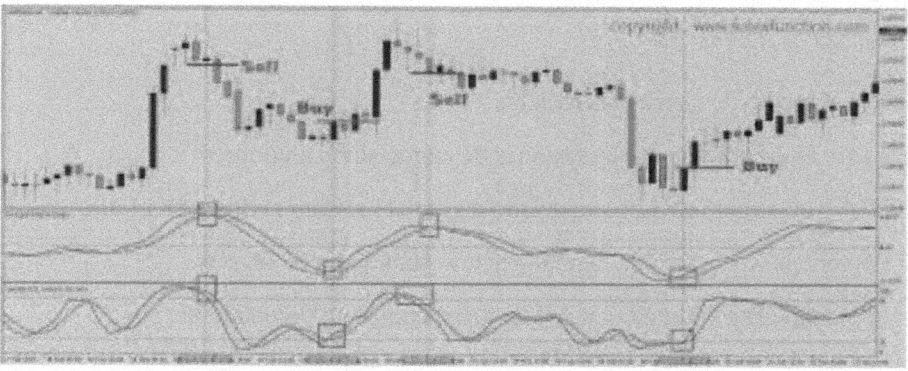

El oscilador estocástico fue creado en la década de 1950 por un hombre llamado George Lane. Fue diseñado para presentar la ubicación del precio de cierre de una acción en relación con el rango alto y bajo de esa acción durante lo que suele ser un período de 14 días. Lane desarrolló el oscilador de tal manera que no sigue el volumen, el precio o cualquier indicador similar. En cambio, sigue la velocidad del movimiento del precio. Como regla general, la velocidad del movimiento del precio tiende a cambiar antes de que cambie el precio en sí, lo que facilita el uso

203

de un oscilador estocástico para predecir reversiones antes de que sucedan en función de cuándo el indicador presente una divergencia bajista o alcista.

El oscilador estocástico también juega un papel clave cuando se trata de decidir si un activo subyacente determinado está actualmente sobrecomprado o sobrevendido, ya que permanece dentro del rango. En concreto, su rango está entre 0 y 100 y tiende a permanecer siempre constante independientemente de la velocidad a la que se mueva el activo subyacente. En términos generales, este oscilador tiene un umbral de sobreventa de 20 y un umbral de sobrecompra de 80. Sin embargo, estos niveles se pueden ajustar, lo que significa que se pueden modificar para adaptarse a las características de los requisitos analíticos específicos o los activos elegidos. Si una lectura es superior a 80, esto significa que el valor que está rastreando se cotiza cerca de la parte superior de su rango y las lecturas bajas que 20 indican que actualmente se cotiza cerca de la parte inferior absoluta de su rango.

El oscilador estocástico se puede calcular mediante la siguiente fórmula:

- C = el precio de cierre más reciente
- L14 = el mínimo de las 14 sesiones de negociación anteriores
- H14 = el precio más alto negociado durante el mismo período de 14 días
- Porcentaje K= la tasa de mercado actual para el par de divisas
- Porcentaje D = promedio móvil de 3 períodos del Porcentaje K

La idea aquí es que si un mercado tiene una tendencia al alza, los precios cerrarán más cerca de un máximo y si el mercado tiene una tendencia a la baja, los precios cerrarán cerca del mínimo. Con esto en mente, las señales de transacción se forman cuando el Porcentaje K cruza el promedio móvil de 3 períodos, también conocido como Porcentaje D.

Cuando se trata de señales comerciales, la más importante que el oscilador estocástico desanima es el punto en el que la línea del Porcentaje D y la línea de movimiento del precio divergen, lo que significa que el Porcentaje D está sobrevendido o sobrecomprado. Esto suele ocurrir si el precio alcanza un nuevo nivel, ya sea superior o inferior, pero la línea de porcentaje D no lo hace. Cuando esto ocurre, el precio alcanza un doble techo y el valor del oscilador estocástico luego disminuye durante el período de desarrollo del segundo techo. Esta es una divergencia bajista, lo que significa que puede usarse para determinar con precisión cuándo comprar un activo cuyo precio está cayendo actualmente.

Sin embargo, muchos comerciantes prefieren esperar hasta que la línea de Porcentaje K cruce la línea de Porcentaje D antes de hacer su primer movimiento, ya que esto tiende a ayudar al oscilador a generar señales que son más refinadas. Ambas técnicas son igualmente válidas, elegir la adecuada para usted es generalmente una cuestión de la forma en que planea operar con la señal. Operar con la divergencia tiende a requerir opciones que incluyen un tiempo de vencimiento más largo en comparación con el marco de tiempo del gráfico de precios que está utilizando. Por otro lado, si planea esperar a que la línea de Porcentaje D cruce la línea de Porcentaje K, querrá operar a través de un tiempo de vencimiento más corto.

En términos generales, la estrategia del oscilador estocástico funciona de manera más efectiva cuando se implementa en gráficos comerciales que se establecen en un marco de tiempo diario o más largo, ya que los gráficos más cortos generalmente tendrán estocásticos de menor calidad en primer lugar. Cuando esto ocurra, su mejor apuesta será usar configuraciones de 14, 3 y 3 respectivamente. Entonces querrá ejecutar una opción de compra en cualquier momento en que encuentre un estocástico que se mueve rápidamente y se eleva por encima de la alternativa de movimiento más lento o ir con una opción de venta si la línea de movimiento más rápido cae por debajo de la más lenta.

Una vez que aprendes a usarla, la estrategia del oscilador estocástico es bastante fácil de usar y también es una excelente herramienta cuando se trata de identificar con éxito puntos de entrada de primer nivel en nuevas opciones. Sin embargo, es importante tener en cuenta que es un indicador rezagado, lo que significa que a veces se perderá grandes operaciones simplemente porque no se enterará de ellas hasta que las condiciones del mercado ya hayan pasado. Finalmente, las señales que crea pueden ser difíciles de leer a veces, lo que hace que este intercambio no sea recomendable para los verdaderos novatos.

*Nombre del juego:* Estrategia de impulso

*Quién debería ejecutarlo:* esta estrategia es adecuada para todas las estrellas

*Cuándo ejecutarla:* esta estrategia es efectiva en un mercado alcista o bajista

*Detalles:* La estrategia de impulso de opciones binarias funciona estimando medidas con respecto a la fuerza relativa de un movimiento de precio específico. En términos generales, una señal de compra significará que es hora de generar una nueva opción de compra basada en un activo que recién comienza a registrar un movimiento positivo significativo. Mientras tanto, si el movimiento es negativo, querrá generar una opción de venta en su lugar.

Esta estrategia puede ser eficaz, ya que los cambios de impulso son a menudo indicadores de un serio revés en el camino, lo que significa que pueden ser el sistema de alerta temprana cuando se trata de identificar nuevas tendencias. Como tal, aprender a identificar estos eventos hace que sea más fácil ver un aumento en las ganancias de las opciones binarias, pero solo cuando se ejecuta en marcos de tiempo que son relevantes para la importancia de la tendencia que se determina.

La parte más crucial de este indicador es que se puede usar como un punto de referencia confiable cuando se trata de determinar la diferencia entre el impulso ascendente y descendente, lo que puede ser más complicado de lo que cabría esperar. Del mismo modo, el impulso siempre debe mostrarse como una sola línea, lo que significa que cuando se encuentra un impulso alcista por encima de las 100 marcas, entonces esta es una señal fuerte para comprar. En este punto, querrá abrir una opción de compra basada en el activo subyacente que está midiendo.

Alternativamente, si la línea de señal cae por debajo de 100, se verá obligado a interpretar esto como una fuerte indicación para vender. Esto, a su vez, significa que deberá crear una opción de venta basada en el mismo activo subyacente. Sin embargo, querrá volver a verificar las formaciones de velas relevantes, ya que son una excelente manera de garantizar una confirmación secundaria para el tipo de eventos críticos que proporciona el indicador de impulso.

Otro buen indicador para este tipo de estrategia será la vela de impulso que tiene una mecha que es aproximadamente el doble del tamaño de la vela anterior. Si bien a veces puede obtener una vela roja que es el doble del tamaño de la vela verde (o posiblemente lo contrario), siempre será mejor que espere a que se forme otra vela, ya que existe la posibilidad de que la tendencia se revierta brevemente antes. enderezándose y comenzando a moverse en la dirección que indica la primera vela de impulso, asumiendo que sigue la tendencia del activo subyacente en cuestión que estaba rastreando inicialmente. Además, querrá esperar a que se forme la segunda vela de impulso del mismo tipo, ya que este es un indicador mucho mejor de que se ha formado la tendencia que estaba buscando.

También conocida como vela momo , la vela de impulso es importante porque indica un movimiento significativo en el precio por encima y más allá del rango de las velas anteriores. De hecho, cuanto mayor sea el diferencial entre las dos velas, mayor será la probabilidad de que el precio se mueva en la dirección del impulso original que predijo la primera línea de impulso. Esta vela puede aparecer mucho antes de que la media móvil se estabilice en torno al precio actual. Ocasionalmente, la media móvil y la vela de impulso se alinearán entre sí, lo que puede agregar un tercer nivel de confluencia a la operación.

La mayor desventaja de este tipo de estrategia es que requiere numerosos puntos de confirmación para comenzar correctamente. Además, algunos comerciantes dudarán en usar esta estrategia porque requiere un par de velas antes de que pueda verificarse correctamente. Sin embargo, esto es realmente solo un factor decisivo si está operando a corto plazo extremo, ya que de lo contrario es probable que pueda obtener una confirmación antes de perder las ganancias potenciales.

La línea de señal de impulso es un oscilador que también puede considerarse un inconveniente. Como tal, las lecturas que produce tendrán una tendencia a retrasarse con respecto a las condiciones de mercado más actuales, como tal, para cuando el oscilador haya definido claramente una tendencia, es posible que el precio ya haya entrado en una fase diferente. Esto puede conducir a un escenario en el que está perdiendo sus ganancias si el precio ya comenzó a moverse en la otra dirección contra la línea de señal. Esto, a su vez, puede conducir a una opción binaria que ingresa al nivel de salida del dinero prácticamente en el momento en que se coloca en primer lugar. Esto se puede mitigar fácilmente simplemente ajustándose a gráficos de marcos de tiempo más largos cuando, naturalmente, tendrá la máxima cantidad de información a mano.

El método de impulso puede generar fácilmente señales falsas para aquellos que no están exactamente seguros de lo que están buscando, incluso si tiene un indicador de confirmación secundario. Como tal, son mejor utilizados por los comerciantes experimentados que tienen una idea clara de lo que están buscando cuando se trata de un indicador de impulso que es lo suficientemente fuerte como para operar. Principalmente, lo más importante a considerar cuando ve un indicador de compra o venta es la paciencia, ya que nunca querrá ejecutar hasta que se haya generado la siguiente vela de impulso. Aún así, si puede superar estos problemas, tendrá una herramienta poderosa a su disposición.

*Nombre del juego:* estrategia de inversión de opciones binarias

*Quién debería ejecutarla:* esta estrategia es adecuada para veteranos

*Cuándo ejecutarla:* esta estrategia es efectiva en un mercado alcista o bajista

*Detalles:* esta estrategia se basa en la idea de que si un activo determinado se está moviendo actualmente en una dirección determinada, solo es cuestión de tiempo antes de que dé la vuelta y se dirija en la otra dirección. Si bien esto puede parecer ridículo, el hecho es que el mercado siempre busca el equilibrio, lo que significa que la autorregulación desde los extremos no es una cuestión de si, es una cuestión de cuándo. Como tal, cuando ve que un activo se mueve hacia los extremos, a menudo puede adelantarse a la competencia yendo en contra de la tendencia y llegando temprano a donde el precio eventualmente estará.

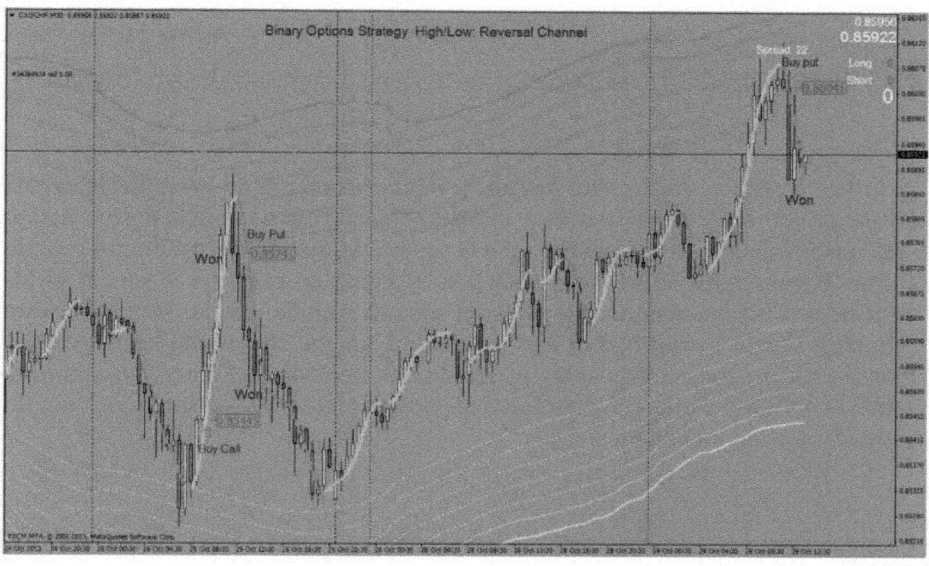

Para que esta estrategia funcione correctamente, querrá predecir la opción put o call entrante en función de la situación actual y cualquier detalle adicional que haya podido determinar a partir de fuentes relevantes. Puede encontrar que esta estrategia es la más efectiva durante los períodos en los que el mercado se mueve extremadamente rápido porque la velocidad a la que se mueve el mercado en una dirección suele ser una buena indicación de qué tan rápido se moverá también en la otra dirección.

Descubrirá que una vez que comprenda los patrones por los que pasa un activo determinado, podrá determinar más fácilmente cuándo se ha alcanzado el pico de un activo determinado, aumentando aún más la eficacia de esta estrategia sin exponerlo a ningún riesgo adicional. . Esta estrategia se puede utilizar prácticamente en cualquier momento y en cualquier estado del mercado.

*Nombre del juego:* Intercambia las noticias

*Quién debería ejecutarla:* esta estrategia es adecuada para veteranos

*Cuándo ejecutarla:* esta estrategia es efectiva en un mercado alcista o bajista

*Detalles:* Negociar varios activos subyacentes en función de las noticias es una estrategia común de negociación de opciones binarias que a menudo parece mucho más sencilla de lo que realmente es. En la superficie, solo implica comprar cuando surgen buenas noticias sobre el activo subyacente en cuestión y vender si las noticias son malas, aunque está lejos de ser una ciencia exacta. De hecho, esta estrategia tiende a dejar más al azar en general, ya que operar con las noticias se basa en hacer suposiciones sobre el estado del mercado, así como suposiciones sobre la forma en que las personas reaccionarán ante las noticias que, por lo general, solo tendrá una idea. de.

La única forma de tener una idea clara de cuánto afectará una noticia determinada al precio de un activo es a través de la práctica y en abundancia. Sin embargo, esto no significa que no haya nada que pueda hacer para aumentar sus probabilidades de éxito, y lo siguiente puede ayudarlo a aumentar significativamente sus probabilidades de éxito. Por ejemplo, si sabe que se publicará una noticia específica en un momento específico, pero no sabe cuál será la respuesta, entonces una de las mejores maneras de asegurarse de que terminará en el El lado correcto de las cosas cuando todo está dicho y hecho es configurar una opción binaria de límite.

Al utilizar una opción binaria límite, simplemente define un conjunto de precios objetivo, uno a cada lado del precio al que se cotiza actualmente el activo subyacente. Esto conduce a lo que se conoce como un canal de precios y, mientras el activo continúe moviéndose hasta un punto de precio u otro, podrá aprovechar la situación de forma continua. Sin embargo, si el activo subyacente permanece en el canal de precios, no se beneficiará de lo que está sucediendo, por lo que esta estrategia solo es útil si espera que haya una cantidad significativa de movimiento cuando todo esté dicho y hecho.

El comercio de la ruptura, también conocido como el período de tiempo inmediatamente posterior al lanzamiento de noticias importantes, es otra forma popular de aprovechar una noticia particularmente importante. Si bien esta estrategia es popular en varios tipos de inversiones, ofrece desafíos únicos cuando se usa con opciones binarias, ya que la ventana para que sea efectiva puede ser extremadamente pequeña, desde unos pocos minutos hasta tan solo 30 segundos.

Los mayores cambios en el precio de los activos generalmente ocurrirán durante este período, lo que significa que deberá estar preparado para moverse rápidamente para aprovechar a los otros operadores que buscan modificar sus propias posiciones con la esperanza de minimizar su propio riesgo también. Si ha estado haciendo su tarea y, por lo tanto, tiene una idea decente de cuáles serán las noticias, puede configurar una opción baja / alta simple para aprovechar al máximo este movimiento. Cuando se trata de configurar esta opción, querrá asegurarse de elegir un período de tiempo extremadamente corto, generalmente no más que el gráfico de un minuto.

Finalmente, si ya se siente cómodo con el análisis técnico, también puede aprovechar las oportunidades comerciales de noticias basadas en formaciones de velas japonesas. Si encuentra una vela con una brecha en el medio, puede asumir con seguridad que el precio de este activo se ha movido de un punto a otro que es más bajo o más alto que donde comenzó, de ahí la brecha. Debido al hecho de que los movimientos de precios son generalmente mucho más graduales, identificar esta brecha significa que es probable que algo interesante suceda pronto si aún no ha sucedido.

Con un poco de práctica, es probable que encuentre que identificar la brecha le permitirá hacer una variedad de predicciones diferentes basadas en lo que sucede en el mercado en ese momento. En primer lugar, si encuentra una brecha durante un período de tiempo con un volumen comercial bajo, entonces este es un buen indicador de que el mercado corregirá esa disparidad más temprano que tarde. Este tipo de brecha ocurre con mayor frecuencia cuando se realiza una gran operación cerca del final del día una vez que la mayoría de los comerciantes ya la han cancelado. Esto significa que el cambio no reflejará necesariamente las fortalezas del activo, lo que significa que puede configurar su propia operación para aprovechar el hecho de que las cosas pronto volverán a la normalidad con condiciones más tradicionales.

Por otro lado, si encuentra una brecha durante una parte del día cuando el volumen de negociación es muy alto y la cantidad anterior de movimiento en el precio del activo ha sido insignificante, este es un fuerte indicador de que se está produciendo una nueva ruptura, lo que significa que usted tienen la oportunidad de obtener ganancias superiores a la media. Si se esfuerza por moverse rápidamente, puede aprovechar aún más este hecho operando en la dirección en la que se mueve la ruptura y tomándose el tiempo para hacer una predicción sobre el precio al que espera que la tendencia alcance su punto máximo.

Alternativamente, si la brecha aparece cuando el volumen de negociación es más normal y el precio del activo relacionado ya tiene una tendencia notable hacia una dirección específica, es probable que la brecha indique que la tendencia se está acelerando y ganando fuerza en la misma dirección. Esto significa que puede confiar bastante en una predicción que indica que la tendencia continuará a corto plazo, como mínimo. Dependiendo de la fuerza de la tendencia en cuestión, junto con la cantidad de tiempo que ya ha estado trabajando duro, es posible que incluso pueda predecir con precisión más allá del corto plazo, aunque solo debe hacerlo si los indicadores que está siguiendo son extremadamente insistentes en que lo hagas.

*Nombre del juego:* estrategia de opciones binarias de 60 segundos

*Quién debería ejecutarla:* esta estrategia es adecuada para todos

*Cuándo ejecutarla:* esta estrategia es efectiva en un mercado alcista o bajista

*Detalles:* a pesar de que este tipo de negociación no es tan precisa como trabajar en el rango de 15 minutos o más, aún puede ser bastante rentable si se realiza correctamente. Este rango tiene que ver con la cantidad sobre la calidad, lo que significa que si tiene una tolerancia al riesgo relativamente alta, puede generar ganancias importantes en un corto período de tiempo con un poco de suerte y un poco de práctica.

Para usar esta estrategia de manera efectiva, lo primero que deberá hacer es considerar los niveles actuales de resistencia y soporte con los que está trabajando después de haber considerado la cantidad razonable de cambio que puede esperar del mercado dentro de los próximos 60 segundos. Los retrocesos de Fibonacci o los puntos de pivote son buenas opciones para esto, y ambos deberían ser parte de cualquier plataforma de negociación.

Una vez que haya encontrado un mercado en el que esté interesado en avanzar, lo siguiente que deberá hacer es configurar una operación en el primer nivel de contacto. Cuando se trata de operar en mercados que tienen un nivel superior al promedio de información esencialmente sin sentido, querrá concentrarse en generar un mayor volumen general de operaciones para equilibrar todo. Durante este proceso, deberá determinar el punto inicial en el que el nivel de precios rechazará la tendencia, y luego, si funciona como anticipa, tendrá una buena idea de qué tan sólido es realmente el nivel de precios, por lo que puede puede utilizarlo correctamente en futuros toques. El resultado final de esto es que tendrá configuraciones que son más precisas cuando se trata de operaciones futuras que facilitan la mitigación del ruido que es tan común en las opciones a corto plazo.

Sin embargo, esto no quiere decir que negociar con toques de todos los tipos de soporte y resistencia tampoco sea la opción correcta. Más bien, tendrá en cuenta la acción del precio, lo que significa que deberá tener en cuenta el impulso y la dirección de la tendencia para determinar si podrá utilizar esta estrategia de la manera más efectiva posible a corto plazo. cuando hará el mayor bien.

Si bien se recomienda operar a un volumen general más alto, es importante que no se exceda y comience a buscar configuraciones que en realidad no existen. No lo olvide, siempre va a ser una idea más rentable esperar a que llegue la mejor operación posible para tener una idea general de lo que va a tener éxito en lugar de operar por operar. Cualquier otra cosa es poco más que apostar y hay formas mucho mejores de apostar que a través del comercio de opciones binarias.

*Nombre del juego:* estrategia de divergencia

*Quién debería ejecutarla:* esta estrategia es adecuada para veteranos

*Cuándo ejecutarla:* esta estrategia es efectiva en un mercado alcista o bajista

*Detalles:* El uso de la herramienta de comercio de divergencia para planificar sus operaciones puede hacer que el comercio de opciones binarias sea bastante sencillo cuando se realiza correctamente. Lo más importante a tener en cuenta es que siempre debe comenzar comparando el precio del activo subyacente con un indicador oscilante, ya que un indicador de tendencia no acortará con precisión los movimientos de divergencia.

El oscilador esencialmente confirmará o negará el movimiento que está buscando. Tenga en cuenta, sin embargo, que el precio también tiende a hacer movimientos falsos la mayor parte del tiempo, lo que significa que querrá ceñirse a un solo oscilador a la vez para obtener los mejores resultados. Si el oscilador sube, pero el precio sigue bajando, entonces la divergencia es alcista, si baja mientras el precio sube, entonces la divergencia es bajista.

214

Si bien la divergencia siempre significa que algo está cambiando, no significa que la tendencia vaya a revertirse de inmediato, ya que también puede indicar que una estrategia completamente diferente podría ser la mejor opción. Si bien querer elegir el fondo o el techo es a menudo la respuesta natural, esto generalmente se trata más de satisfacer el ego que de mantener las ganancias. Para garantizar que sus operaciones sean consistentemente rentables, querrá elegir la estrategia adecuada para lo que está haciendo el precio, no para lo que cree que va a hacer.

*Nombre del juego:* estrategia BOMS

*Quién debería ejecutarla:* esta estrategia es adecuada para veteranos

*Cuándo ejecutarla:* esta estrategia es efectiva en un mercado alcista o bajista

*Detalles:* la estrategia BOMS está diseñada para seguir las tendencias, lo que significa que necesitará incorporar otras herramientas a la estrategia para que sea realmente efectiva. Las herramientas que necesitará usar para esta estrategia incluyen la EMA, el período 34 verde y el índice dinámico del comerciante establecido en su configuración predeterminada. Lo primero que deberá hacer es observar la tendencia actual a través de la lente de TDI. Para encontrar la tendencia actual, observará los dos EMA disponibles, verde y rojo. Si el verde está por encima del rojo, entonces hay una tendencia alcista, si el rojo está por encima del verde, la tendencia es negativa.

215

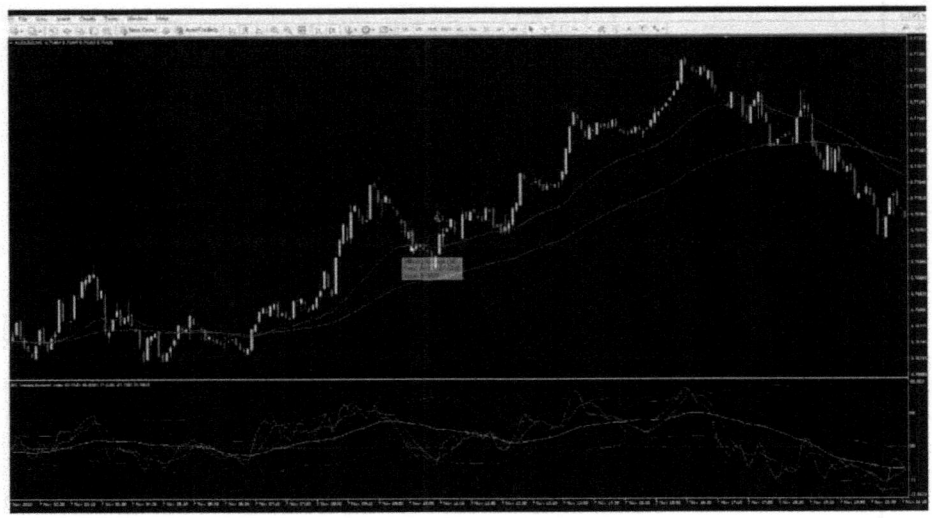

Además, querrá asegurarse de que la línea verde toque las líneas azules, si está viendo una tendencia positiva, entonces la línea debería tocar la banda de volatilidad más baja y si está siguiendo una tendencia negativa, debería tocar la banda más alta. Cuando la línea TDI verde cruce la línea TDI roja moviéndose hacia arriba, querrá ingresar su llamada.

Si está negociando puts, querrá que la línea verde toque las bandas de volatilidad superior o inferior antes de ingresar. Se puede pensar que estas bandas son similares a las bandas de Bollinger, lo que significa que si el precio toca la banda superior , el activo subyacente pronto puede sobrecomprarse y las probabilidades de una tendencia bajista aumentan significativamente. Si toca el nivel inferior, entonces está sobrevendido y es probable que aumente. Esta estrategia busca estos niveles de sobreventa o sobrecompra, pero solo para que se alineen con la tendencia que se identifica a través de los EMA.

## CAPÍTULO 9: ESTRATEGIAS DE INDICADORES TÉCNICOS

*Nombre del juego:* Estrategia de divergencia de convergencia de promedio móvil
*Quién debería ejecutarla:* esta estrategia es adecuada para veteranos
*Cuándo ejecutarla:* esta estrategia es efectiva en un mercado alcista o bajista

*Detalles:* El indicador de divergencia de convergencia de promedio móvil es un tipo de indicador oscilante que se mueve principalmente entre cero y la línea central. Si el valor MACD es alto, puede suponer que el activo subyacente relacionado está casi sobrecomprado y si el valor es bajo, entonces la acción está casi sobrevendida.

El gráfico MACD generalmente se basa en una combinación de varios EMA. Estos promedios se pueden basar en cualquier período de tiempo, aunque el más común es el gráfico 12-26-9. Este gráfico generalmente se divide en varias partes, la primera de las cuales es el gráfico de 26 y 12 días. Mezclar los EMA le permitirá medir con mayor precisión el nivel de impulso que está experimentando la tendencia que está siguiendo.

Si la EMA de 12 días termina por encima de la EMA de 26 días, puede suponer que la acción subyacente tiene una tendencia alcista y lo contrario indica una tendencia bajista. Si la EMA de 12 días aumenta más rápidamente que la EMA de 26 días, la tendencia alcista será aún más pronunciada. Sin embargo, si la EMA de 12 días se acerca a la EMA de 26 días, puede asumir con seguridad que está comenzando a desacelerarse y que el impulso está disminuyendo, lo que significa que se llevará la tendencia con él.

El MACD usa la EMA al considerar la diferencia entre ellos una vez que se trazan. Si el día 26 y el día 12 son iguales, entonces el MACD es igual a 0. Si el día 12 termina en un punto más alto que el día 26, entonces puede asumir que el MACD es positivo, si no, será negativo. Cuanto mayor sea la diferencia entre los dos, mayor será la diferencia entre la línea MAACD y cero.

A partir de ahí, también querrá tener en cuenta la EMA de 9 días. La EMA de 9 días es diferente porque determina la tendencia de la línea AMCD en oposición a la del precio de las acciones. Como tal, si la EMA de 9 días suaviza el movimiento de la línea MACD, los resultados serán mucho más manejables.

Si el resultado genera una tendencia que indica una cantidad negativa de divergencia, entonces puede estar bastante seguro de que la tendencia positiva que se está produciendo actualmente finalmente alcanzará un nivel de resistencia que simplemente no podrá superar. Esto, a su vez, significa que tendrá que revertirse más temprano que tarde. Esto puede suceder incluso si el patrón de la acción subyacente parece no estar perdiendo impulso.

217

*Nombre del juego:* estrategia de índice direccional promedio
*Quién debería ejecutarla:* esta estrategia es adecuada para veteranos
*Cuándo ejecutarla:* esta estrategia es efectiva en un mercado alcista o bajista
*Detalles:* el índice direccional promedio se puede considerar como una especie de guía que confirma las señales que descubren otros indicadores técnicos. Una vez que una tendencia se ha identificado con éxito, el índice direccional promedio puede determinar más fácilmente su fuerza en comparación con las otras tendencias que se están produciendo actualmente. El índice direccional promedio presenta una combinación de indicadores direccionales que son negativos y positivos, por lo que pueden rastrear tendencias independientemente de su dirección. Luego se unifican de una manera que determina la fuerza general de la tendencia.

Como indicador oscilante, el índice direccional promedio oscila entre 100 y 0. El extremo inferior indica que la tendencia es esencialmente plana y sin volatilidad, mientras que el extremo superior indica que la acción prácticamente se mueve hacia arriba y hacia abajo muy rápidamente. Este indicador solo es útil cuando se trata de medir la fuerza general de la tendencia, no en qué dirección se está moviendo o en qué dirección es probable que se mueva pronto.

Cuando se trata de estar atento a este tipo de señales, si una tendencia se mueve desde arriba de la marca 40 hasta debajo de ella, entonces puede asumir con seguridad que la tendencia actual que está siguiendo se está desacelerando, lo que significa que es probable que sea hora de modificar su estrategia comercial o para cerrar cualquier posición que aún pueda mantener. Sin embargo, si ve que una tendencia comienza por debajo de 20 y luego aumenta hasta cerca de 40 o más, entonces puede asumir que un mercado neutral está comenzando a cobrar fuerza y es probable que se esté formando una tendencia importante.

Por eso es tan importante tener en cuenta el punto donde se cruzan los índices direccionales positivo y negativo. Si el índice de dirección negativa cruza el movimiento positivo hacia arriba, entonces puede asumir que el mercado es alcista; de lo contrario, puede asumir que el mercado es bajista.

*Nombre del juego:* estrategia de índice de fuerza relativa

*Quién debería ejecutarla:* esta estrategia es adecuada para veteranos

*Cuándo ejecutarla:* esta estrategia es efectiva en un mercado alcista o bajista

*Detalles:* la estrategia del índice de fuerza relativa utiliza el indicador RSI para comparar la magnitud de las pérdidas recientes con las ganancias recientes para determinar si un activo subyacente determinado está actualmente sobrevendido o sobrecomprado. Esto, a su vez, facilita la determinación de indicadores de mercado cruciales que correlacionan las reversiones o las próximas correcciones y que ponen de relieve los movimientos de precios. RSI es más efectivo cuando se usa para medir acciones individuales en lugar de índices debido al hecho de que es más probable que las personas experimenten cualquiera de las dos condiciones.

### Relative Strength Index

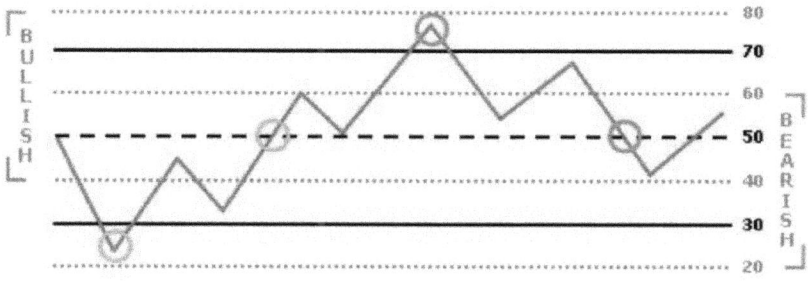

Los valores RSI van de 0 a 100. Cualquier valor por encima de 70 muestra que la acción está sobrecomprada y cualquier valor por debajo de 30 muestra que está subvendida. En general, las opciones que se encuentran en acciones de beta alta con alta liquidez proporcionarán los mejores resultados de RSI.

Querrá hacer coincidir esto con datos cruzados del promedio móvil a corto plazo. Usando los detalles de 10 y 25 días, debería poder discernir más fácilmente varios cruces que muestran cuándo es probable que ocurra un cambio direccional en períodos en los que el RSI tiene una tendencia en el rango de 20-80 o en el rango

219

de 70-30. . Independientemente de los resultados, el RSI siempre apuntará a un período de reversión, independientemente de qué se esté revirtiendo.

El concepto conocido como cambios de falla puede facilitar que los inversores aprovechen al máximo la información que se muestra a través de un RSI. Es importante tener en cuenta que el hecho de que el RSI muestre algo en el rango de 30 o 70 no significa que la reversión vaya a ocurrir de inmediato. Más bien, las posiciones pueden permanecer en posiciones de sobrecompra o sobreventa durante un período prolongado de tiempo.

*Nombre del juego:* estrategia de índice de impulso intradía

*Quién debería ejecutarlo:* esta estrategia es adecuada para todas las estrellas

*Cuándo ejecutarla:* esta estrategia es efectiva en un mercado alcista o bajista

*Detalles:* para aquellos que operan con más frecuencia que incluso la mayoría de los operadores veteranos, el índice de impulso intradía es un indicador particularmente útil. Utiliza velas japonesas y un RSI para crear un rango de negociación intradiario útil que muestre mercados sobrecomprados o sobrevendidos. También es importante tener en cuenta la tendencia que sigue el precio, si es visible, ya que un indicador de tendencia fuerte puede dar un falso positivo en este escenario que podría hacer que se lea como sobrecompra o sobreventa cuando este no es realmente el caso.

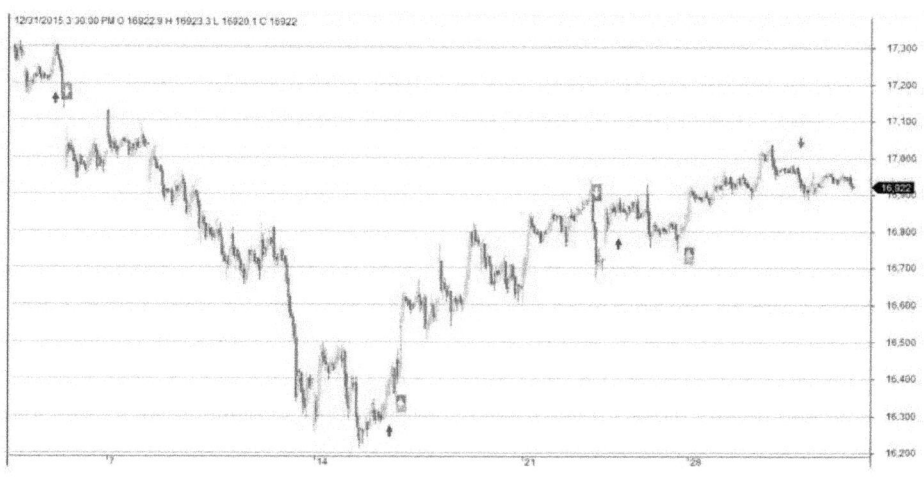

Cuanto más conozca estas tendencias, más podrá hacer un uso completo del IMI, por lo que tendrá la capacidad de detectar este tipo de incidentes antes de lo que sería el caso de otra manera, lo que le permitirá iniciar una etapa temprana. posición larga mientras el mercado todavía está en tendencia alcista o entrar en una posición corta si estaba en tendencia bajista.

Cuando se combina con la posibilidad de apalancamiento, la estrategia IMI puede ser extremadamente rentable. La fórmula también es flexible en el sentido de que cada operador puede usar el valor n que más le convenga. Los valores comúnmente utilizados incluyen 70 o más para los mercados que están sobrecomprados y 30 o menos para los mercados que están sobrevendidos.

*Nombre del juego:* estrategia de índice de flujo de dinero

*Quién debería ejecutarla:* esta estrategia es adecuada para veteranos

*Cuándo ejecutarla:* esta estrategia es efectiva en un mercado alcista o bajista

221

*Detalles:* si está buscando otra estrategia para usar que complemente el RSI, entonces el índice de flujo de dinero es una excelente opción. Combina los datos de precios y el volumen para identificar las tendencias de precios de una acción determinada. También se conoce como la estrategia RSI de peso por volumen. Dado que se tiene en cuenta el volumen, este indicador también puede generar datos útiles de forma fiable sobre la cantidad de capital que entra y sale de la acción elegida durante un período de tiempo determinado. El plazo que se utiliza con mayor frecuencia es de dos semanas. El valor de MFI siempre está entre 0 y 100.

Para el flujo de dinero negativo, puede determinar el estado actual sumando todas las distintas cantidades para los días en los que el precio típico es más bajo que el precio promedio anterior. Se puede usar lo contrario para encontrar un flujo positivo. También querrá estar atento a las oportunidades que se hacen evidentes cuando la IMF se mueve en la dirección opuesta al precio actual, ya que esto indica que es probable que la tendencia actual se revierta más temprano que tarde.

*Nombre del juego:* estrategia de indicador de proporción de llamada Put

*Quién debería ejecutarla:* esta estrategia es adecuada para veteranos

*Cuándo ejecutarla:* esta estrategia es efectiva en un mercado alcista o bajista

*Detalles:* esta estrategia es útil cuando se trata de determinar el volumen de una opción put o call estándar. En lugar de tratar con el valor absoluto, esta estrategia se enfoca en si el sentimiento del mercado está cambiando o no. Cuanto mayor sea el cambio que se ve en el valor localizado, mayor será el cambio en el mercado en su conjunto. Si el valor continúa cayendo, significa que la tendencia actual es alcista y si el valor aumenta, el mercado es bajista.

Como depende de los datos actualizados sobre el volumen, el indicador MFI es especialmente útil para el comercio de opciones basado en acciones en lugar de índices. También se sabe que se obtienen mejores resultados en formas más largas de negociación de opciones que en el comercio intradía. En general, querrá buscar escenarios en los que el indicador MFI se aleje del precio de las acciones, ya que generalmente es un indicador adelantado que indica que se avecina un cambio de tendencia. Los mejores valores para basar sus predicciones serán 20 para sobreventa y 80 para sobrecompra.

## CONCLUSIÓN

Gracias por llegar hasta el final de *Trading Options: Advanced Trading Strategies and Techniques* , esperemos que haya sido informativo y pueda brindarle todas las herramientas que necesita para lograr sus objetivos, sean cuales sean. El hecho de que hayas terminado este libro no significa que no quede nada por aprender sobre el tema, expandir tus horizontes es la única manera de encontrar el dominio que buscas.

Ahora que ha terminado este libro, es natural que tenga confianza en sí mismo y en su capacidad para operar con éxito. Sin embargo, esta no es razón para adelantarse a sí mismo, lo que significa tener expectativas medidas en lo que respecta a su éxito cuando recién comienza. No olvide que el comercio de opciones es uno de los tipos de comercio de inversión más difíciles de realizar con éxito, incluso para aquellos que lo han estado haciendo durante años, lo que significa que es probable que se encuentre en una batalla cuesta arriba antes de comenzar a ver algún tipo de resultados confiables. por todo el esfuerzo que vas a tener que poner desde el principio.

Como tal, si esperas demasiado demasiado pronto, todo lo que terminarás haciendo es dañar tu confianza y hacer que sea más difícil para ti volver a subirte al caballo después de que te hayan derribado. En cambio, es mejor tener en cuenta que operar con éxito es una habilidad, lo que significa que la única forma de mejorar es con mucha buena práctica a la antigua. Recuerde, el comercio de opciones con éxito es un maratón, no un sprint, lento y constante gana la carrera. Finalmente, si encontró este libro útil de alguna manera, ¡siempre se agradece una reseña en Amazon!